Jürgen Ristow

**Vom Geisterbild
zum Breitwandfilm**

Jürgen Ristow

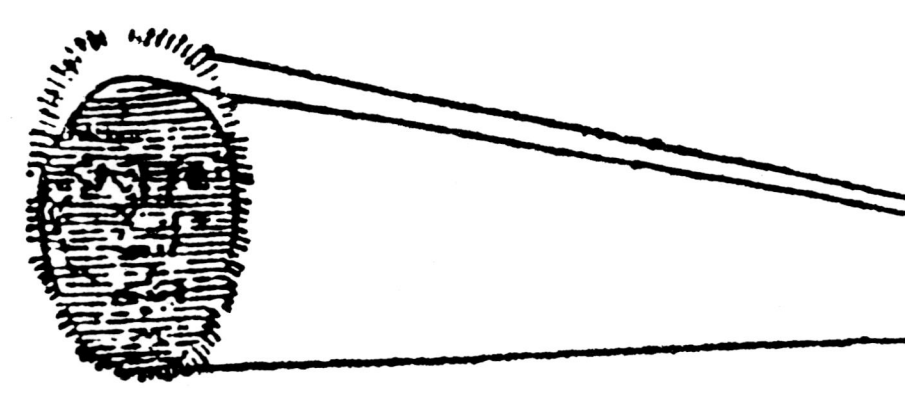

VEB
Fotokinoverlag
Leipzig

Vom Geisterbild

Aus der
Geschichte der
Filmtechnik

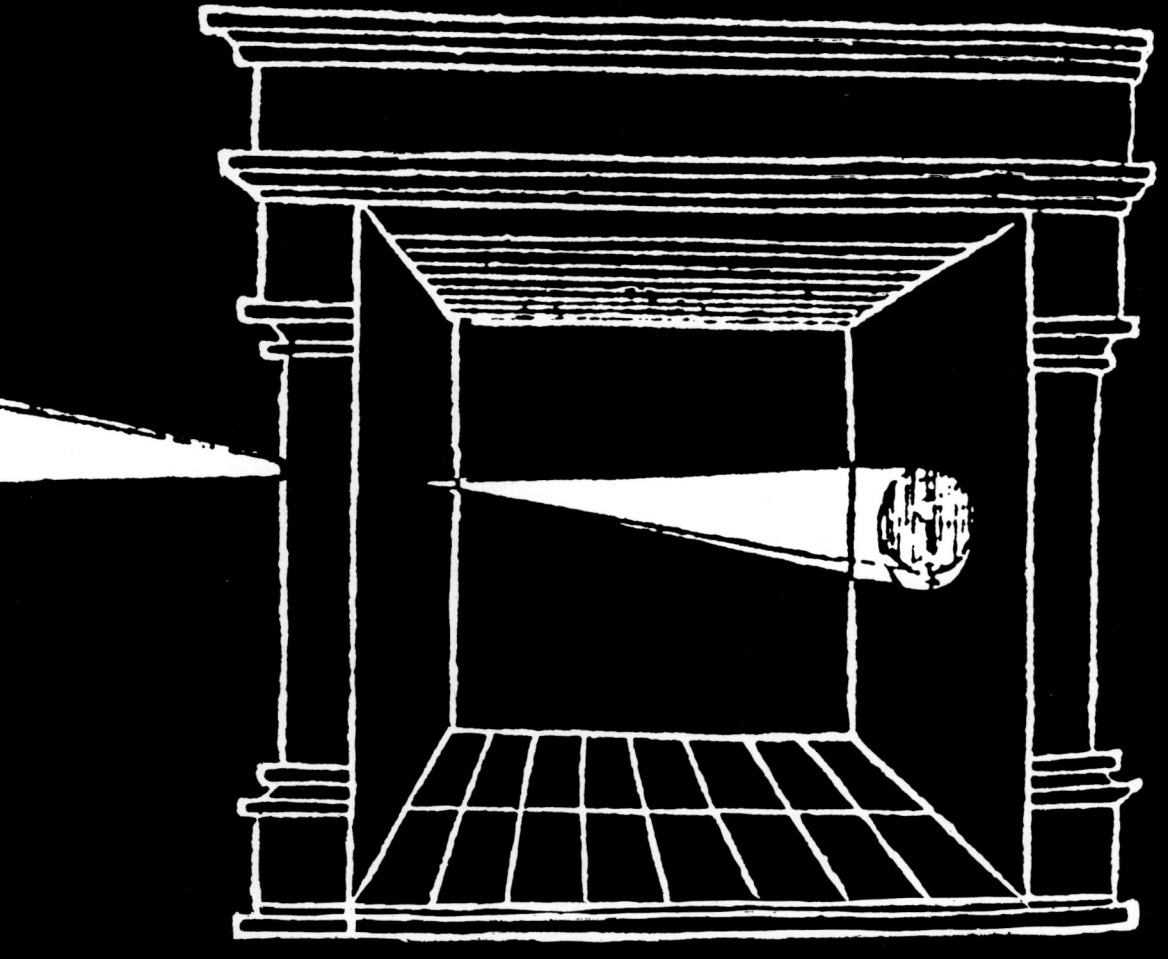

2. Auflage
mit 200 Bildern,
davon 37 Farbfotos
von Jürgen Karpinski
und 59 Zeichnungen
von Werner-Hans Schlegel
nach Originalvorlagen

zum Breitwandfilm

Die Bilder auf den Kapitelanfangsseiten zeigen:

Seite 2—3

Camera obscura
Erste bekannte Darstellung aus dem
Jahre 1544

Seite 6

Camera obscura

Seite 9

Laterna magica
Darstellung von Dechales aus dem
Jahre 1690

Seite 26

Thaumatrop
Auf Vor- und Rückseite einer
Scheibe sind zwei Phasen eines
Bildes dargestellt, die bei Drehbe-
wegung der Scheibe — durch
Ziehen an den vorher verdrallten
Fäden — zu einem Bild ver-
schmelzen (Nach John Ayrton
1825).

Seite 35

Daguerreotypieaufnahme
Die sehr langen Belichtungszeiten
in den Anfängen der Fotografie
machten eigenartige Maßnahmen
notwendig (nach einer zeitgenössischen Karrikatur).

Seite 57

Chronophotograph
Filmkamera mit Vor- und Nachwik-
kelrolle und Schlägermechanismus.
Konstruktion von Demeny 1893.

Seite 83

Triple-Projektor
Dreifachprojektor für additive
Farbbildwiedergabe von Ives 1888

Seite 110

Phonautograph
Erstes bekanntgewordenes Gerät zur
Aufzeichnung von Schallwellen auf
berußtem Papier in Zeilenschrift
von Scott 1877. Eine Tonwiedergabe war noch nicht möglich.

ISBN 3-7311-0020-7

© VEB Fotokinoverlag Leipzig 1989
2. Auflage
Lizenz-Nr. 110-210/315/89
LSV 9160
Lektor: Hanns Rolf Monse
Buchgestaltung: Lothar Gabler, Leipzig
Printed in GDR
Gesamtherstellung: INTERDRUCK Graphischer Großbetrieb Leipzig,
Betrieb der ausgezeichneten Qualitätsarbeit, III/18/97
Bestellnummer: 547 048 7
04500

Inhaltsverzeichnis

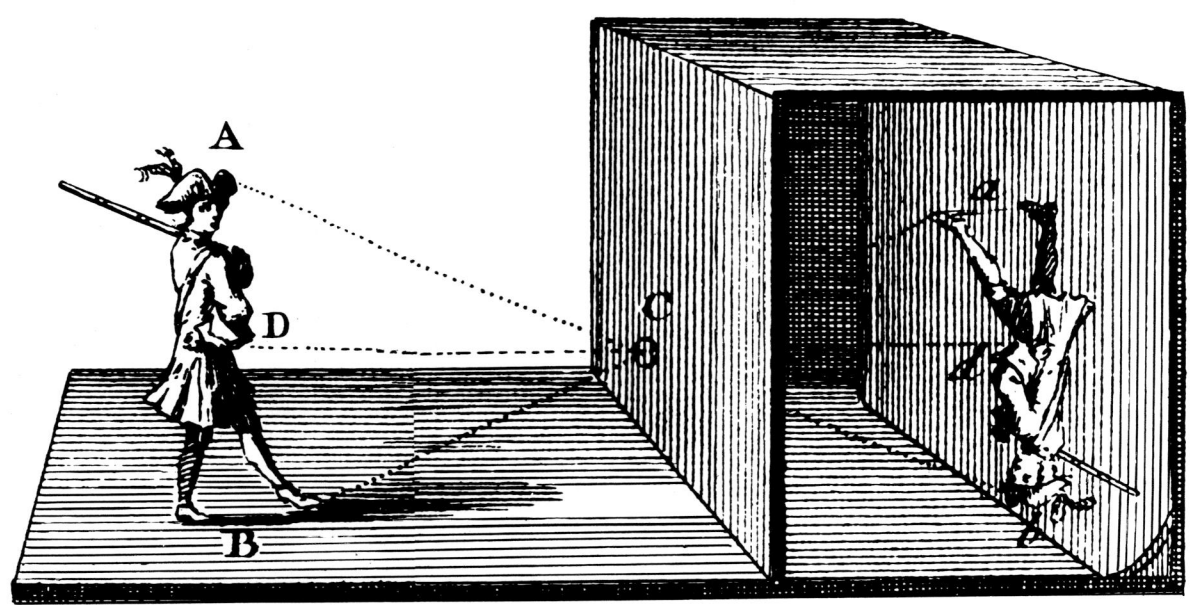

»Das Alte, soweit es
Anspruch darauf hat,
sollten wir lieben; aber
für das Neue sollten wir
recht eigentlich leben.«

Theodor Fontane

Vorwort

Die Filmtechnik ist Mittel künstlerischer Gestaltung, wissenschaftlicher Forschung und schöpferischer Freizeitbeschäftigung. Trotzdem ist es möglich und sinnvoll, ihre Geschichte weitgehend unabhängig von der Filmkunst und ihren anderen Anwendungsgebieten darzustellen: »Möglich« — weil in den seltensten Fällen Forderungen der Anwender die Entwicklung der Filmtechnik nachhaltig beeinflußt haben, und »sinnvoll« — weil die Geschichte der Filmtechnik durch ihre Wechselbeziehungen zu vielen anderen Fachgebieten die Widersprüche der Entwicklung in ihren fördernden und hemmenden Wirkungen besonders deutlich macht.

Die Kenntnis der Geschichte

— fördert das Verständnis für das Gegenwärtige; denn der Wert des Erreichten wird an den Mühen seiner Entwicklung deutlich. Nur aus der geschichtlichen Distanz sind wahre Einsichten in die Zusammenhänge der Gegenwart möglich.

— ermutigt zu neuen Entdeckungen und Entwicklungen; denn die Analyse des Bekannten regt zu neuen Lösungen an und bewahrt mitunter vor der Wiederholung von Irrtümern.

— weckt die Anerkennung der Leistungen anderer; denn die Geschichte eines Fachgebietes ist auch die Geschichte seiner Erfinder und Förderer.

Das Alte zu erhalten und zu würdigen ist daher eine Notwendigkeit der Gegenwart und eine Verpflichtung für die Zukunft.

Dieses Buch will dazu einen Beitrag leisten. Es wendet sich an alle, die beruflich oder in ihrer Freizeit Freude und Interesse an Fotografie und Film haben.

Umfassende Darstellungen der Geschichte der Fotografie und Filmtechnik sind von Hopwood, Liesegang, Eder, Zglinicki und anderen bekannt. Sie ließen sich leiten von der Frage »Wer entwickelt was?«. — In diesem Buch werden die Etappen auf dem Weg zur heutigen Filmtechnik in Wort und Bild beschrieben. Dabei ist die wesentliche Fragestellung: »Was entwickelte sich wie?«.

Das Buch will dazu beitragen, die Entwicklung eines Fachgebietes zu würdigen, das in der DDR eine anerkannte Tradition hat und heute durch so bedeutende Werke wie VEB Carl Zeiss Jena, VEB Pentacon Dresden, VEB Filmfabrik Wolfen und VEB Optische Werke Rathenow repräsentiert wird.

Der Verfasser dankt dem Filmmuseum der DDR in Potsdam, dem Staatlichen Filmarchiv der DDR und dem VEB Fotokinoverlag Leipzig für die großzügige Unterstützung, Frau Hannelore Grusser und Frau Amrie Wendland für ihre Hilfe bei den umfangreichen Recherchen sowie Herrn Prof. Dr. Albert Wilkening und Herrn Dipl.-Ing. Kurt Grusser für wertvolle Anregungen.

Dr. sc. techn. Jürgen Ristow

Wegbereiter
der Filmtechnik

Camera obscura · laterna magica
Lichtwirkungen

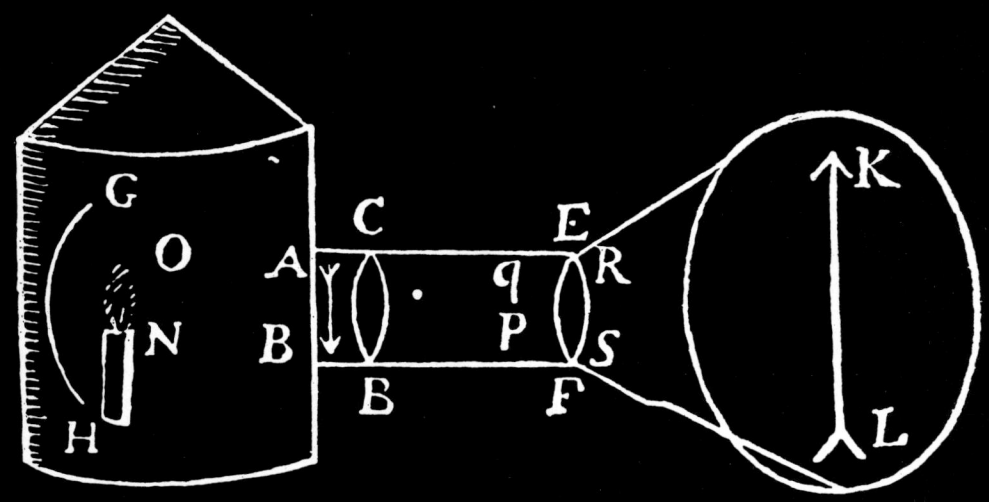

Giovanni Battist de la Porta

* 1533 Neapel
† 1615 Neapel

Beschreibt mit fünfzehn Jahren in seinem Werk »Magia naturale sive de miraculis rerum naturalis« (erschienen 1553) die camera obscura und gilt seither als deren Erfinder. Es ist nicht erwiesen, ob ihm Arbeiten von Al Hazem und Leonardo da Vinci bekannt gewesen sein können. Wegen der Beschreibung einer Hexensalbe Anklage wegen Magie und Giftmischerei durch die Inquisition. Nach Erklärung, daß die Veröffentlichung der Aufklärung dienen sollte, erfolgte Freispruch. Seine Akademie der Naturwissenschaften wurde durch Befehl des Papstes aufgelöst. Reisen durch Italien, Frankreich und Spanien zur Vervollständigung seiner Werke, die in rascher Folge erscheinen.

Die Geschichte der Filmtechnik beginnt 1829. — In diesem Jahr wurde die Darstellung einer Bewegung aus der raschen Folge von Einzelvorgängen unter Ausnutzung der Trägheit des Auges entdeckt und begründet. Diese Tatsache nutzt die Filmtechnik. — »Film« — das ist im technischen Sinne des Wortes die fotografische Aufnahme und Aufzeichnung eines Vorganges in einzelnen Bildern und deren Wiedergabe mit einer für das Auge nicht wahrnehmbaren Geschwindigkeit.

Fotografie, Aufnahme und Wiedergabe sind die Worte, mit denen die Geschichte der Entwicklung der Filmtechnik befragt werden muß.

Im allgemeinen Sinne ist »Film« auch die bildliche Darstellung von Bewegungen. Diese zu allgemeine Definition verleitete viele Historiker und Autoren dazu, die Anfänge der Filmtechnik von dem uralten Wunsch der Menschen nach Darstellung und Abbildung ihrer bewegten Umwelt abzuleiten und sie in den Malereien der alten Zivilisationen zu sehen. — Die Höhlenzeichnungen der Steinzeit, die Bilder der frühen Kulturen und selbst die immer wieder zitierten Schattenspiele des Fernen Ostens können nicht als Zeugen für die Ur- und Frühgeschichte der Filmtechnik herangezogen werden. Sie nutzen nicht die Trägheit des Auges, auf der allein die Bewegungsillusion des Filmes beruht.

Schattenspiele erfreuen sich noch heute und in zunehmendem Maß großer Beliebtheit. Niemand, der einem Schattenspiel zuschaut, wird dabei an Film oder Kino denken. Es ist ein weit verbreiteter Wunsch, die Geschichte des eigenen Fachgebietes aus möglichst frühen Anfängen abzuleiten. Für die Filmtechnik trifft das nicht zu. Sie ist ein typisches Kind des dynamischen Zeitalters, das mit der Erfindung der Dampfmaschine — also mit der ersten technischen Revolution — begann.

Und dennoch: Kamera und Projektor haben ihre Vorfahren in der camera obscura und der laterna magica, und die Fotografie wäre ohne die Entdeckungen der Lichtwirkungen auf die Stoffe nicht möglich gewesen. Sie waren die eigentlichen Wegbereiter der Filmtechnik.

Camera obscura

Die camera obscura war im wahrsten Sinne des Wortes eine »dunkle Kammer«. Sie bestand aus einem Raum, in dem man sich bewegen konnte. Aristoteles soll ihr Prinzip bereits beschrieben haben. Bei Plato »Der Staat« (VII. Buch) findet sich ebenfalls ein diesbezügliches Zitat. Die erste nachweisbare schriftliche Überlieferung ist von dem arabischen Gelehrten Iben Al Haitam aus dem Jahre 1038 bekannt. Er schreibt: »Das Bild der Sonne zur Zeit der Verfinsterung, falls sie nicht eine totale ist, zeigt, wenn ihr Licht aus einem engen Loch austritt und zu einer dem Loch gegenüberliegenden Ebene gelangt, die Gestalt der Mondsichel. Das Bild der Sonne zeigt diese Eigenschaft nur so, wenn das Loch sehr eng ist. Wird das Loch größer, so ändert sich das Bild, und die Veränderung wächst mit zunehmender Weite.«

Was aber ist eine Erfindung oder Entdeckung ohne ihre Anwendung und allgemeine Verbreitung? Es genügt nicht, eine Idee zu haben, man muß sie auch realisieren und dazu beitragen, daß sie allgemein nützlich wird. Derjenige, der einen Gedanken zur praktischen Vollendung führt und das Ergebnis in geeigneter Weise publiziert, hat mindestens genau so viel zu seiner Entwicklung beigetragen, wie der, der die Idee hatte. So ist weder Iben Al Haitam der Erfinder der camera obscura noch sind es die, die wesentlich zu ihrer Weiterentwicklung und Verbreitung beigetragen haben.

500 Jahre nach Iben Al Haitam — im Zeitalter der Renaissance — erschien 1553 von Johann Baptist Porta die »Magia naturalis sive de Miraculus verum naturabilis«. Die Renaissance war wie keine andere Epoche zuvor aufgeschlossen für die Natur- und Geisteswissenschaften. Portas Buch erschien in mehreren Auflagen und fand so eine weite Verbreitung. Es enthält eine ausführliche Beschreibung der camera obscura. Aus der deutschen Übersetzung von 1715 sind die abgebildeten Textseiten mit der betreffenden Stelle entnommen. Durch diese Abhandlung wurde die camera obscura in vielen euro-

päischen Ländern so bekannt, daß Porta noch heute von vielen als der Erfinder dieses Gerätes angesehen wird. Er war es nicht. Sein Verdienst wird aber keinesfalls durch den Nachweis einge-

schränkt, daß bereits der englische Franziskanermönch Roger Facon (1214—1294) eine ähnliche Einrichtung beschrieb, und daß der berühmte Leonardo da Vinci (1452—1519)

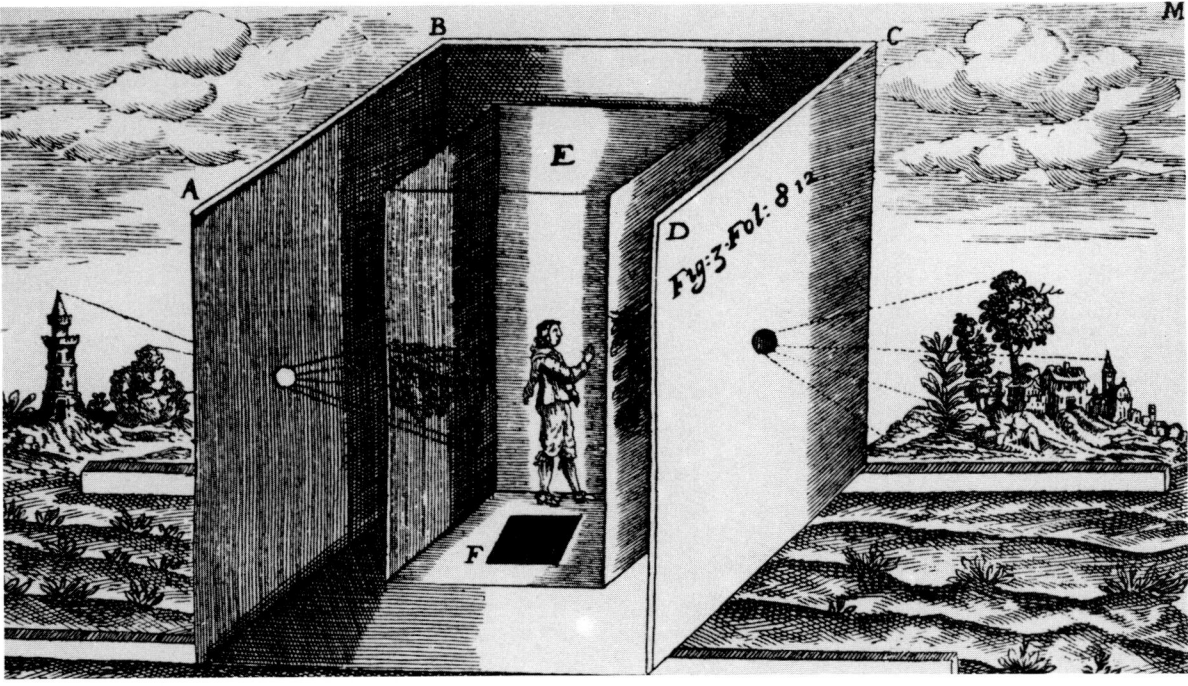

Camera obscura
Darstellung von Kircher 1671. Die »Camera« war noch eine begehbare »Kammer«.

Das VI. Capitel.

Von andern Würckungen des Hohl-Spiegels.

1.

Ehe wir von dieser Art Spiegel weiter gehen/ wollen wir noch etliche nützliche Stücke erzehlen/ die zugleich sehr lustig und wunderbarlich sind/ und daraus man die größte Geheimnüsse der Natur gar deutlich kan erkennen lernen.

b. Als zum Exempel/

Daß man im Finstern alles sehen könne/ was ausserhalb im Liecht der Sonnen stehet/ und zwar mit seinen Farben.

Man mach in einem Zimmer alle Fenster zu/

960   Das siebenzehende Buch/

zu/ und lasse auch die kleinsten Löchlein nicht offen/ damit ja kein Liecht hinein könne/ und das gantze Vorhaben verderbe. Ein Loch aber muß man bohren/ und bey einer Spannen weit machen/ vor welches ein Blech/ es sey von Bley oder von Kupffer/ etwan so dick als ein Papier/ fest angemacht wird/ darinnen in der Mitten ein kleineres rundes Loch/ so groß als ein kleiner Finger/ gemacht werden kan/ und müssen gegen dasselbige entweder eine weisse Wand/ oder Papier/ oder ein weisses leinenes Tuch hingerichtet werden. Auf solche Weise wird alles/ was auf der Gassen von dem Tages-Liecht bestrahlet wird/ auch die Leut so auf der Gassen gehen umgekehrt zu sehen seyn/ wie die Leute/ so die Füsse gegen uns kehren; gestalten auch alles was rechts ist/ allhier lincks/ und mit einem Wort/ alles verkehrt erscheinen wird. Und zwar werden diese Bilder um so viel grösser seyn/ je weiter sie von dem Loch abstehen: So bald aber das Papier oder die weisse Tafel näher zu dem Loch gebracht wird/ so bald wird alles kleiner aber deutlicher und heller; doch muß man sich etwas im Zimmer aufhalten/ und werden die Bildnüssen nicht alsobald erscheinen/ dieweil das starcke Liecht die Augen dergestalt einnimmt/ daß es nicht nur drinnen ist/ und zum Sehen hilfft/ wenn man würcklich siehet; sondern auch noch länger drinnen bleibet/ wenn das Sehen schon fürüber ist; wie die Erfahrung klärlich bezeuget: Denn wenn man in der Sonne gehet/ und sich gegen einen finstern Ort kehret/ bleibet das Liecht so starck in uns/ daß man daselbst nichts

oder mit grosser Mühe etwas siehet/ weil die Augen noch voll sind von der vorigen Regung des Liechts: Wenn aber die allgemach vergehet/ so kan man im Dunckeln gar deutlich sehen. Nun aber will ich das jenige melden/ was ich noch allzeit verschwiegen/ auch billich zu verschweigen gehalten. Nemlich wenn man ein Linsen-Glaß von Crystall in das Loch setzet/ so wird man alles viel deutlicher sehen/ ja so gar die Menschen sehen gehen im Gesicht/ auch ihre Farben/ Kleider/ Geberden und alles so deutlich erkennen/ als wenn man nahe dabey wäre: Welches alles einem dermassen erlustiget/ daß die so es sehen/ sich nicht genug drüber verwundern können.

2. Wenn man aber will

Alles grösser und deutlicher sehen/

so stelle man einen Spiegel gegen das Loch/ der nicht die Strahlen aus einander streuet/ sondern zusammen fasset und vereiniget/ Mit demselben gehe man so lang herbey und davon/ biß man die rechte Grösse des Bildes/ wie es an sich selber ist/ durch gewisse Annäherung mit dem Mittelpunct erlanget. Und wenn einer nun recht Achtung drauf geben wird/ so wird er sehen können/ wie die Vögel fliegen/ wie der Himmel mit Wolcken eingesprenget/ und sonsten schön blau ist/ wie von Ferne sich die Berge erzeigen/ ja er wird auf einem kleinen runden Plätzlein des Papiers/ so man über das Loch stellen kan/ gleichsam einen kurtzen Begriff von der Welt sehen/ daß man sich drüber freuen wird:
Doch

Originaltext der Beschreibung einer camera obscura aus Porta: »Nobilis Neapolitani, Magia naturalis, oder Hauß-, Kunst- und Wunderbuch« Nürnberg 1715

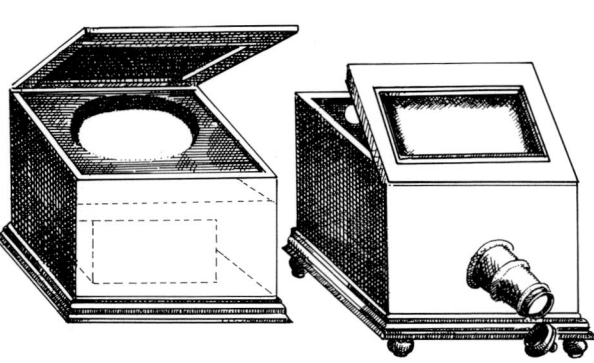

Camera obscura
Tragbare Ausführung nach einer zeitgenössischen Darstellung von Johannes Zahn aus dem Jahre 1665

Camera obscura
Zum Zeichnen nach der Natur
gebaut von G. Friedrich Brander
1769. In dieser Form wurde sie
noch bis in das 19. Jh. verwendet.

Camera oscura
Dieses Gerät wurde von J. W. von
Goethe zum Zeichnen nach der
Natur verwendet. Es befindet sich
heute im Goethe-Museum in
Weimar (Gesamthöhe: 168 cm).

eine Zeichnung anfertigte, die dem Prinzip entspricht, aber erst mehrere hundert Jahre später
bekannt wurde.

Bald nach der Veröffentlichung von Porta werden tragbare »Cameras« gebaut und bis in die
Mitte des 19. Jahrhunderts für Zeichnungen
nach der Natur verwendet. Entscheidend für
diese Anwendungsform war die Verbesserung
der optischen Eigenschaften und der Helligkeit
des Bildes durch die Einführung einer Sammel-
linse anstelle des einfachen Loches. Diese Neue-
rung wird dem Venetianer Daniel Barbaro zuge-
sprochen; sie soll im Jahre 1568 vorgenommen
worden sein. Canaletto malte seine bekannten
Stadtansichten mit der camera obscura, und Johann Wolfgang von Goethe bediente sich ebenfalls dieser Einrichtung. Seit der Erfindung und
Einführung der Fotografie wird die camera obscura nur noch als Fotokamera verwendet.

Laterna magica

Die laterna magica (»Zauberlaterne«) ist die optische Umkehrung der camera obscura. Diese Tatsache nutzten in den Anfängen der Kinematographie zahlreiche Erfinder, indem sie die Filmkamera gleichzeitig als Projektor benutzten. Das tat auch der bereits erwähnte Porta. Statt der natürlichen, vom Tageslicht erhellten Gegenstände, brachte er außerhalb der »dunklen Kammer« gemalte durchscheinende Bilder an, die — vom hellen Sonnenlicht durchstrahlt — im Innern der Kammer abgebildet wurden. Porta und andere haben damit bereits zu ihrer Zeit »Lichtbildervorträge« gehalten und bei Menschen, die mit dem Prinzip nicht vertraut waren, sensationelle Wirkungen erzielt. Es wird berichtet, daß auf diese Weise Fürsten und Päpste erheitert und getäuscht worden sind.

Wie Porta lange Zeit als der Erfinder der camera obscura angesehen wurde, so hielt man Athanasius Kircher für den Erfinder der laterna magica. Auch das ist falsch. Durch Forschungen von Liesegang ist der Hergang — wie wir ihn heute als gesichert ansehen — belegt worden; danach soll sich folgendes zugetragen haben:

Der in der Physik berühmte niederländische Naturwissenschaftler Christian Huygens berichtete seinem Bruder Ludwig 1656 in einem Brief, daß er eine laterna magica mit künstlicher Lichtquelle gebaut habe. Er habe sich aber wegen wichtigerer Arbeiten mit dieser Nebensächlichkeit nicht weiter beschäftigen können. — Der Bitte seines Vaters, der zu der Zeit niederländischer Gesandter am französischen Hof war, ihm eine derartige laterna magica anzufertigen, kam der Gelehrte nicht nach. Er befürchtete sicher nicht zu Unrecht, daß sein Vater damit einen »Spuk« vorhaben könnte und wollte seinen guten Ruf nicht aufs Spiel setzen, indem er mit derartigen Vorhaben in Verbindung gebracht wird.

An der Universität Leyden, an der Huygens arbeitete und lehrte, studierte zu dieser Zeit der Däne Thomas Walgenstein. Er war mit Huygens bekannt, erfuhr so von der Entwicklung der

Athanasius Kircher
* 1601 Geisa, Thüringen
† 1680 Rom

Jesuitenpater, Professor in Würzburg. Lehrer für Mathematik und Hebräisch in Rom. Gründete das museo kircheriano im collegium romanum im Vatikan. Verfasser der »Ars magna lucis et umbrae« (1. Auflage 1646, 2. Auflage 1671) in der die laterna magica beschrieben wird. Gilt seither bei vielen Autoren als deren Erfinder. Entwickelte das »sinicroskopum parastticum« — eine Drehscheibe mit Passionsbildern. Sie wird gelegentlich auch als Vorläufer des Lebensrades bezeichnet, obwohl überhaupt kein sachlicher Zusammenhang besteht. 1864 erscheint seine Autobiographie.

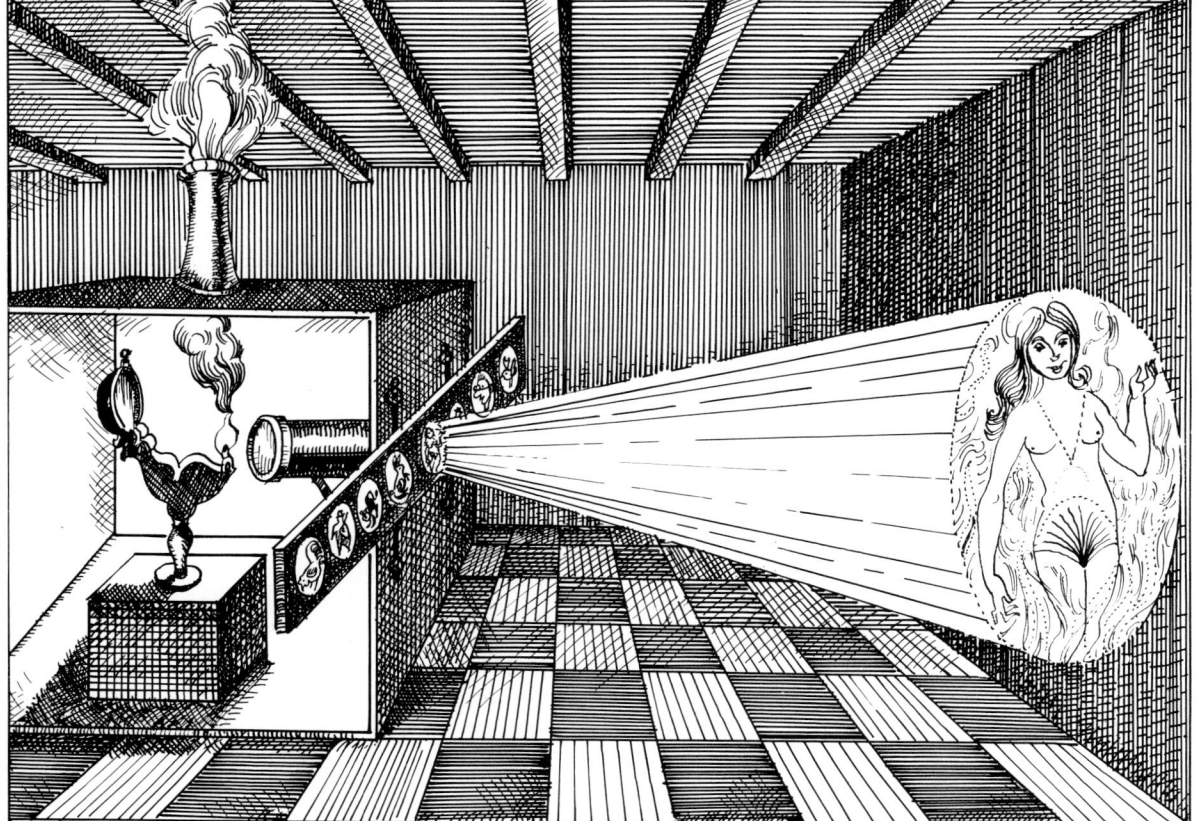

Laterna magica
Nach einer Darstellung aus Kircher: »Ars magna lucis et umbrae« 1671. Die Zeichnung der Projektionsbilder ist falsch, sie müßten kopfstehend angeordnet sein.

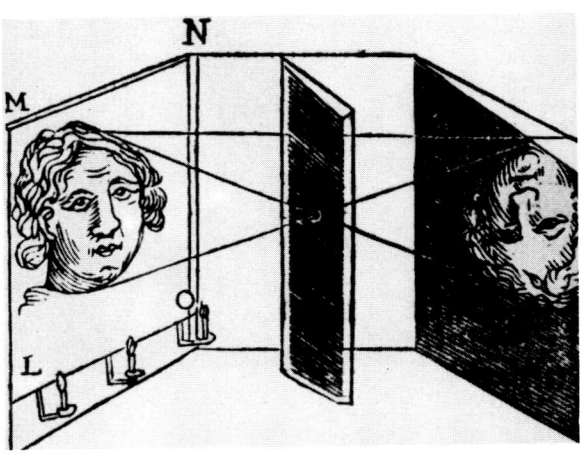

Laterna magica
Darstellung von Johannes Zahn aus dem Jahre 1665. Die laterna magica wird dem heutigen Dia-Projektor ähnlicher.

Laterna magica
Darstellung aus dem Jahre 1671. Es wird deutlich, daß die laterna magica die Umkehrung der camera obscura ist.

Zauberlaterne und brachte sie in einen gebrauchsfähigen Zustand. Durch Vorführungen mit diesem Gerät und dessen Verkauf sicherte sich Walgenstein ein gutes Einkommen und sorgte auf seinen ausgedehnten Reisen für die Verbreitung der Erfindung. Auf diese Weise — so wird vermutet — kommt Johann Zahn, ein deutscher Prämonstratensermönch mit der laterna magica in Verbindung. In seinem 1665 erschienenen Buch »Ocultus artificialis teleopticus« beschreibt er sehr genau die Funktionsweise und erläutert sie mit Abbildungen. Sein Buch findet nur geringe Verbreitung.

Sechs Jahre später veröffentlicht Athanasius Kircher die 2. Auflage seiner »Ars magna lucis et umbrae« in Amsterdam. Dieses 1671 erschie-

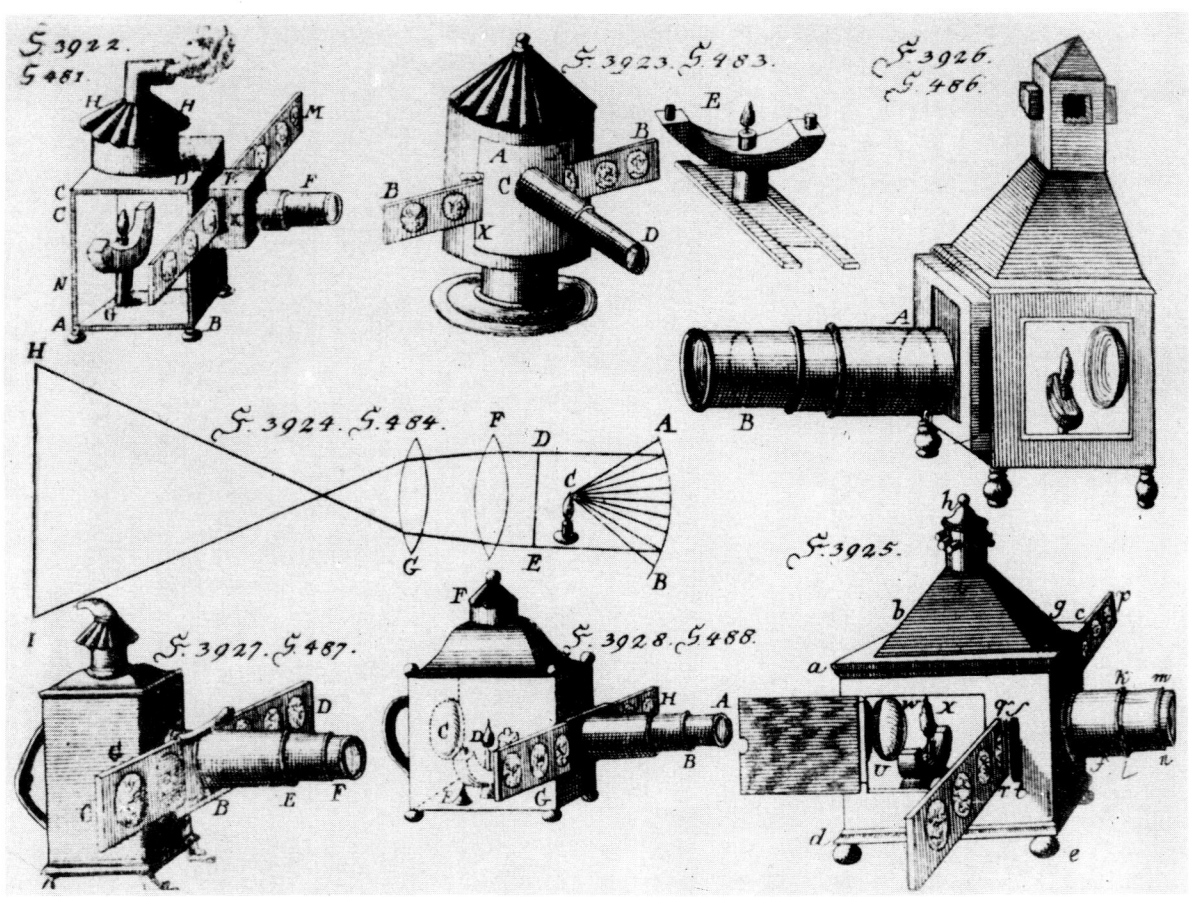

Laterna magica
Unterschiedliche Ausführungsformen in zeitgenössischer Darstellung

Laterna-magica-Vorstellung
E. C. Robertson wurde mit Vorführungen von Geisterbildern Ende des 18. Jh. berühmt. Die laterna magica bleibt für den Betrachter unsichtbar hinter der Bildwand. Heute bezeichnet man dieses Verfahren als Rückprojektion.

Laterna-magica-Vorführung
Der Darsteller auf der Bühne kämpft mit dem von der unsichtbaren laterna magica eingespiegelten Geisterbild. Mit dem Orchester erwecken diese Bilder bereits den Eindruck späterer Stummfilmvorführungen.

Laterna-magica-Vorführung
Diese Darbietung von E. C.
Robertson fand in der besonders
phantasieanregenden Grabkapelle
eines Klosters statt.

Nebelbildprojektion
Nach einer zeitgenössischen Darstellung aus dem Anfang des
19. Jh. Nebelbilder wurden mit
Mehrfachprojektoren durch Überblendung oder gleichzeitige Projektion vorgeführt. Durch weiche
Überblendung verschwanden oder
erschienen die Bilder »wie im
Nebel«.

nene Werk des zu seiner Zeit als Persönlichkeit von universeller Bildung weit über die Grenzen seiner Wirkungsstätte hinaus bekannten Naturwissenschaftlers, fand sehr rasch eine breite Öffentlichkeit und wurde oft zitiert. So wurde Kircher für viele zum Erfinder der laterna magica. — Nebenbei sei bemerkt, daß die Abbildungen aus dem Buch von Kircher physikalisch genau so falsch sind, wie die später (1690) von Dechales veröffentlichte Skizze. In beiden Fällen können keine aufrechtstehenden Bilder projiziert werden. Rheinhardt hat zuerst darauf aufmerksam gemacht und daraus als erster Zweifel an der Erfindung der laterna magica durch Kircher angemeldet.

In den folgenden Jahrhunderten wird die laterna magica zu einem beliebten Gegenstand der Belustigung, Informationstätigkeit und wissenschaftlichen Arbeit. Besonderes Aufsehen muß mit seinen Vorführungen E. C. Robertson erregt haben. Seine »Geisterbilder« sind in der Literatur mehrfach beschrieben worden. Durch die beigefügten Illustrationen können wir uns ein ungefähres Bild davon machen, wie am Ende des 18. Jahrhunderts ein »Lichtbildervortrag« auf die Menschen gewirkt haben muß.

Noch im 19. Jahrhundert fanden »Nebelbildprojektionen« in der Öffentlichkeit großes Interesse. Das »Nebelbild« entstand aus der Ab- und Überblendung von mehreren Bildern, die dadurch »wie im Nebel verschwanden oder erschienen«. Zu diesem Zweck wurden Nebelbildprojektoren gebaut, die in sich zwei oder drei Projektionseinrichtungen enthielten. Nebelbilder wurden auch durch Projektion auf Rauch oder bewegte Gaze gezeigt. Sie verfehlten im »Zeitalter der Empfindsamkeit« nicht ihre Wirkung.

Die Zauberlaterne war 1845 die Grundlage für die Entwicklung der Vorläufer der heutigen Projektoren. Als Diaprojektor »entzaubert«, dient sie uns heute noch vielfältig. Das Prinzip ist seit ihrer ersten Beschreibung im 17. Jahrhundert erhalten geblieben, und in so mancher äußeren Form heutiger Diaprojektoren glaubt man noch das 17. Jahrhundert erkennen zu können.

Camera obscura und laterna magica sind die Vorläufer von Filmkamera und Projektor. Die Fotografie als dritte Grundlage der Filmtechnik baut auf den Wirkungen des Lichtes auf.

Lichtwirkungen

Die Entdeckung der Wirkung des Lichtes auf die Stoffe hat eine lange Vorgeschichte. Kleffe [13] beschreibt in seinem kürzlich im gleichen Verlag erschienenen Buch diese Entwicklung ausführlich, und eine bisher wohl nicht erreichte enzyklopädische Darstellung findet der interessierte Leser bei Eder [15]. Deshalb soll hier nur ein kurzer Abriß der wichtigsten Höhepunkte dargestellt werden.

Das Licht als Grundlage allen Lebens beschäftigte die Menschen zu allen Zeiten. Ägypter, Chinesen, Griechen und Römer verfügten über umfassende Kenntnisse auf diesem Gebiet. Die unmittelbar auf die Fotografie führenden Entdeckungen der Lichtempfindlichkeit verschiedener Stoffe sind den Alchimisten zu verdanken. Sie werden wegen ihrer nach heutigen Maßstäben sehr eigenartig anmutenden Methoden wohl zu Unrecht in der jüngsten Geschichte allzuoft diffamiert.

Nach Eder erfindet 1674 der Alchimist Balduin den »Leuchtenstein«. An anderer Stelle wird die Entdeckung der Phosphoreszenz dem Alchimisten Brandt (Hamburg 1669) zugeschrieben. Balduin erkannte und beschrieb damit als einer der ersten die Phosphoreszenz. Seinem Beispiel folgten viele. Balduin starb 1682 in Großenhain. Vor ihm erwähnte der Rektor der Meißner Fürstenschule, Georg Fabricius, 1565 das als Mineral in der Natur frei vorkommende Silberchlorid — damals Hornsilber genannt. Seine Anregungen erhielt er von dem berühmten Mineralogen und Hüttenchemiker Georg Agricola (1490—1555).

Die Schwärzung des Hornsilbers an der Luft entdeckte 1667 der Mitbegründer der Royal Society R. Boyle.

Johann Heinrich Schulze

* 12.5.1687 Colbitz bei Magdeburg
† 10.10.1744 Lauchstädt.

Studium der Medizin, Theologie, Chemie und Philologie. 1703 Lehrer für Botanik, Anatomie, Geografie und Philologie am Pädagogicum in Halle. 1715 unter Friedrich Hoffmann Heilkunde in Halle. Bekam dort Kenntnis von Arbeiten Boyles über Farbenlehre und Wirkungen des Lichtes auf Silbersalze. 1717 Promotion. 1720 Professor für Anatomie und Wundarznei in Altdorf bei Nürnberg. 1727 Arbeiten zur Entwicklung von Leuchtsteinen; fand stattdessen nach eigenen Angaben »Dunkelheitsträger«. Ab 1729 zusätzlich ein Lehramt für griechische und arabische Sprache. Von 1732 bis zu seinem Tode Professor für Medizin und Philosophie an der Universität in Halle. Mitglied der Leopoldinisch-Carolinischen Deutschen Akademie der Naturforscher, der Königlichen Preußischen Sozietät der Wissenschaften zu Berlin und der russischen Akademie der Wissenschaften zu Petersburg. Einer seiner bekanntesten Schüler war Winckelmann.

Seite 18

Javanische Schattenspielfiguren
Gestalten aus der javanischen
Mythologie darstellend. Sie
gehören zu den frühesten Zeugen
der Bewegungsdarstellung, obwohl
sie mit dem Filmprinzip nichts
gemeinsam haben. Die Figuren
sind bemalt, weil sie vor dem
Schattenspiel dem Publikum vorgestellt wurden.

Seite 19

Diaskop
Laterna magica für die Vorführung
vorgezeichneter und handkolo-
rierter Glasbilder. Hergestellt von
der Firma Horne & Thornwaite,
London, um 1810. Als Lichtquelle
diente ein Kalkbrenner.

Glasschiebebilder
Vorläufer der heutigen Diapositive.
Sie wurden mit der laterna magica
vorgeführt. Sie sind handgemalt
oder mit Hilfe von Abziehbildern
serienmäßig hergestellt worden.

Seite 22

Laterna magica
Diese Ausführung aus dem 19. Jhr.
kommt unseren Dia-Projektoren
schon sehr nahe.

Seite 23

Nebelbildwerfer
Laterna magica mit zwei Projek-
tionsobjektiven. Die Bilder konnten
überblendet oder gleichzeitig vorgeführt werden. Hergestellt um 1839.

Seite 24

Praxinoskop
Von Reynaud 1882 erfundenes
Gerät mit Spiegelkranz. Die am
inneren Umfang der Trommel
angebrachten gezeichneten Phasenbilder werden durch den Spiegel-
wechsel bei Drehung der Trommel
ineinander überblendet. Bei hinrei-
chender Umdrehungsgeschwindig-
keit entsteht die Illusion einer kontinuierlichen Bewegung. In
modernen Geräten wird dieses
Prinzip als optischer Ausgleich
bezeichnet.

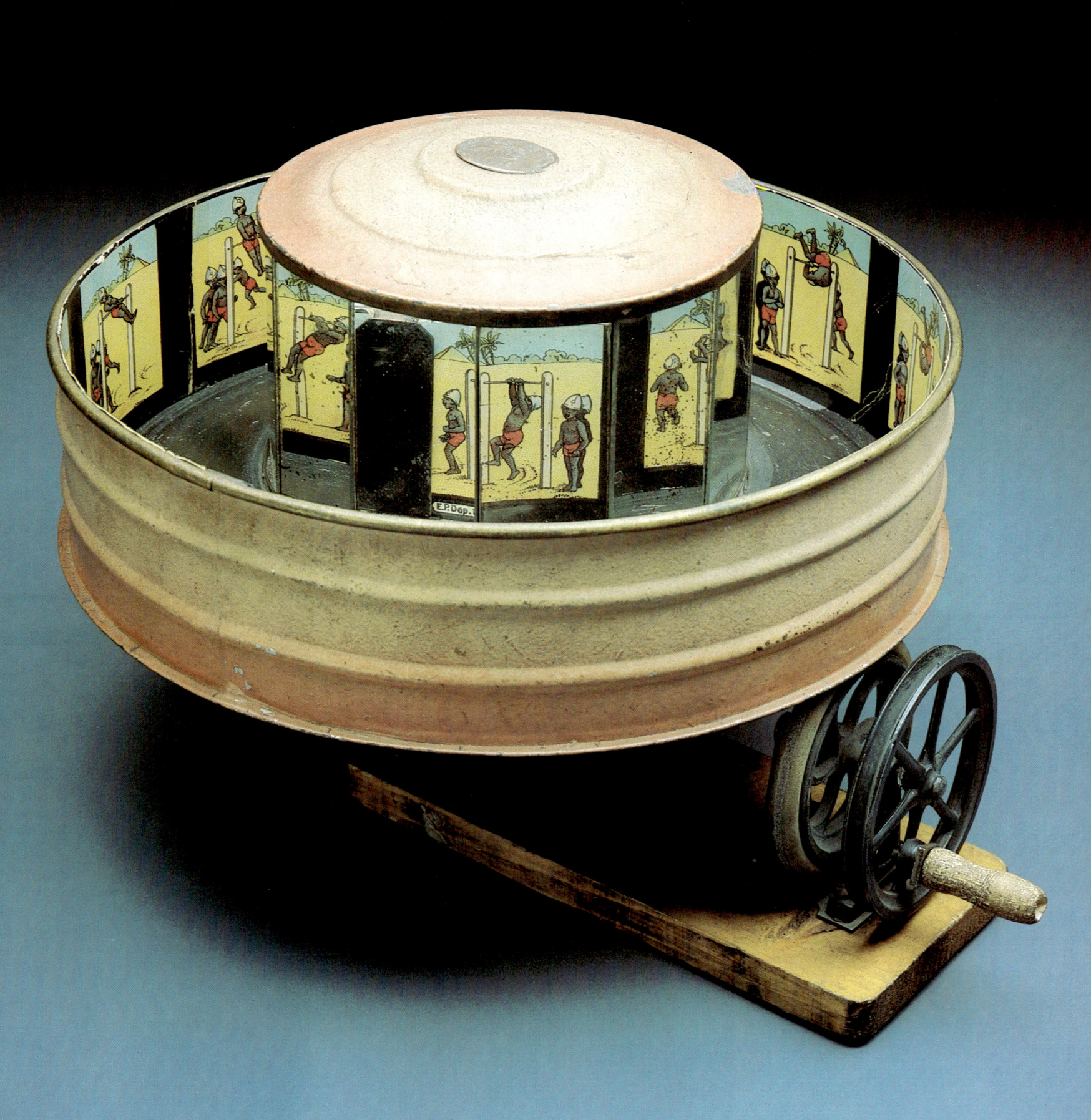

1727 versuchte J. H. Schulze den Balduinschen Leuchtenstein herzustellen. Nach eigenen Angaben versah er sich bei der Rezeptur und verwendete statt reiner Salpetersäure silbernitrathaltige Salpetersäure. Als Ergebnis seines Experiments erhielt er einen Stoff, der sich an der Luft zusehends schwärzte. Schulze hatte Kenntnis von den Darlegungen Boyles und verfolgte daher dieses Phänomen. Dabei erkannte er sehr bald, daß nicht die Luft, sondern ausschließlich Licht die Ursache für die Schwärzung ist. In ausführlichen schriftlichen Darlegungen und öffentlichen »Disputationen« gab Schulze seine Erkenntnisse bekannt. In einem 1727 in Nürnberg in lateinischer Sprache erschienenen Aufsatz schreibt Schulze u.a.:

»Auch verzweifle ich nicht daran, daß dieser Versuch den Naturforschern noch andere Nutzanwendungen wird zeigen können.«

Er hatte recht. 100 Jahre später entwickelte sich aus diesen Grunderkenntnissen die Fotografie. Schulze deshalb jedoch — wie verschiedentlich zu lesen ist — als den Erfinder der Fotografie anzusehen, ist unangebracht.

Besondere Verdienste um die Erklärung der chemischen Zusammenhänge bei der Schwärzung des »Chlorsilbers« (Silberchlorid) erwarb sich um 1777 Scheele. Seine Arbeiten waren den Erfindern der Fotografie ebenso bekannt wie die seiner Vorgänger. Den Forschern des ausgehenden 18. Jahrhunderts gelang jedoch nicht die praktische Nutzanwendung ihrer Entdeckungen. Das blieb denen vorbehalten, deren Wirken wir uns im folgenden zuwenden wollen.

Als 1789 die französische Revolution den Weg für ein selbstbewußtes und von feudaler Hierarchie befreites Bürgertum öffnete und damit die großen geistigen und kulturellen Leistungen des 19. Jahrhunderts ermöglichte, begann die umfassende Nutzung aller Erkenntnisse vorangegangener Zeiten in atemberaubender Dynamik. Die Freiheit, die diese Revolution auf ihre Fahnen schrieb, setzte nicht nur die Kräfte frei, die zu den großen Entwicklungen des vorigen Jahrhunderts führten. Mit ihr waren bereits die Widersprüche vorprogrammiert, die für die nun entstehende kapitalistische Gesellschaft typisch sind. Die Geschichte der Filmtechnik ist ein deutliches Spiegelbild dieser gesellschaftlichen Erscheinungen.

Am Anfang ihrer historisch kurzen Geschichte steht ...

Die entscheidende Erfindung

Lebensrad · Projektionslebensrad

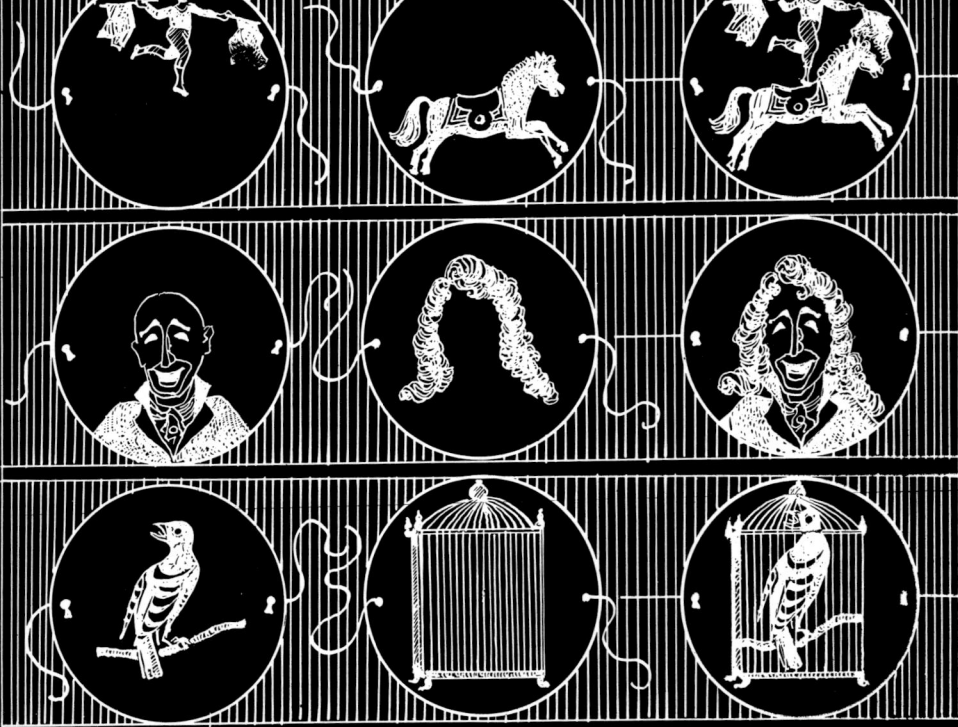

1825 wurde durch Paris und Fitton ein Spielzeug bekannt. Sie nannten es Thaumatrop. Zwei Seiten einer Scheibe enthalten Teile ein und derselben Abbildung. Dreht man die Scheibe genügend rasch, indem man an den zuvor verdrallten Fäden zieht, dann hat es den Anschein, als ob beide Bilder zu einem verschmelzen: Der Vogel sitzt in seinem Käfig, der alte Herr hat seine Perücke auf, und der Reiter hat sein Pferd bestiegen. Wodurch erwiesen wäre, daß die bekannten »zwei Seiten einer Medaille« zu ein und demselben Bild gehören.

Diese optische Täuschung beruht auf der Trägheit des Auges. Das Phänomen ist im täglichen Leben oft zu beobachten. Jeder kann sich leicht durch einen einfachen Versuch von dem Sachverhalt überzeugen: Eine Stricknadel oder Fahrradspeiche, einseitig eingespannt und durch Anreißen in Schwingungen versetzt, ist gleichzeitig in mehreren Positionen zu erkennen. Es ist daher nicht verwunderlich, daß schon im Altertum darüber berichtet wurde. Bereits von Ptolemäus (90–160) ist eine Abhandlung überliefert worden.

Auf der Trägheit des Auges beruht auch eine andere optische Täuschung. Bewegt man die gespreizten Finger einer Hand vor einer Leuchtstofflampe genügend rasch hin und her, dann scheinen die Finger bei einer bestimmten Geschwindigkeit still zu stehen. Wir erklären das heute sehr schnell als stroboskopischen Effekt, bringen es mit dem raschen Lichtwechsel der Lampe in Verbindung und machen uns in der Regel darüber keine weiteren Gedanken.

Anders erging es einem Herrn in London im Jahre 1820. Er beobachtete zufällig die Speichen des Rades eines fahrenden Wagens durch einen engen Lattenzaun. Zu seinem Erstaunen sah er statt des Rades ein nicht rollendes aber mit der Lage des Rades identisches strauchartiges Gebilde. Dies faszinierte ihn so, daß er seine Beobachtung im Januarheft des »Quarterly Journal of Sience, Literatur and Arts« (1821, H. 10, S. 282–283) veröffentlichte und die gelehrte Welt dazu anregte, die Erscheinung mathematisch zu begründen. Die kurze Mitteilung trägt die Initialen J. M. Es wird angenommen, daß es sich dabei um den Verleger der Zeitschrift John Murray handelt.

Wer hätte vermutet, daß diese Notiz die Initialzündung für eine Reihe von Untersuchungen werden sollte, die auf geradem Weg zur Kinematographie führten und als »Zaunphänomen« in die Geschichte eingehen würde. (Der Begriff »Kinematographie« wird im folgenden als der allgemeine Begriff für die Bewegungsaufzeichnung und -wiedergabe verwendet. Unter »Filmtechnik« oder »Film« wird das spezielle fotografische Verfahren verstanden.)

Als erster hielt Roget auf einer Sitzung der Royal Society in London am 9. und 16.12.1824 Vorlesungen über die Veröffentlichung von Murray. Er wies nach, daß die Trägheit des Auges für die beobachtete Erscheinung verantwortlich ist. Die Sitzungsberichte der Royal Society wurden schriftlich veröffentlicht. Auf diese Weise bekam der Kandidat der Wissenschaften an der Universität in Lüttich — Plateau — davon Kenntnis. Ihm fiel auf, daß die mathematische Beweisführung von Roget nicht stichhaltig war. Das regte ihn zu weiteren Überlegungen an, die bald so aufwendig wurden, daß er sich in seiner Dissertation damit beschäftigte, die er im Juni 1829 vorlegte. In ihr beschreibt Plateau nicht nur einwandfrei die Ursache des »Zaunphänomens« als stroboskopischen Effekt, er beweist seine theoretischen Erkenntnisse auch an einem einfachen Versuch.

Joseph Antoine Ferdinand Plateau

* 1801
† 1883 in Gent

Studium in Lüttich. 1828 Kandidat der Wissenschaften in Lüttich. Beschäftigung mit Optik, Farbenlehre, Oberflächenspannungen u.a. 1829 Dissertation in Liege über das Thema »Sur quelques propriétés des impressiones produites par la lumière«. Vorführung des Anorthoskops vor der Brüsseler Akademie der Wissenschaften. 1831 Professor in Brüssel. 1832 Erfindung des Phenakistikops (Lebensrad). 1835 Professor für Experimentalphysik und Astronomie in Gent. Seit 1844 total erblindet, führt er alle weiteren Arbeiten nur mit Hilfe seiner Frau aus.

Lebensrad

Auf eine runde Scheibe zeichnete Plateau ein verzerrtes Bild und ließ es hinter einem feststehenden Spalt rotieren. Zu erkennen war eine feststehende entzerrte Figur. Das »Zaunphänomen« wurde also umgekehrt, denn Murray sah ja das feststehende verzerrte Bild eines unverzerrten bewegten Rades. Diese Versuchseinrichtung nannte Plateau Anorthoskop.

1830 beginnt kein geringerer als der bekannte Physiker Michael Faraday mit grundsätzlichen

Zaunphänomen von J.M.
Beobachtung eines rollenden
Wagenrades hinter einem Latten-
zaun.

Anorthoskop
Verzerrt gezeichnete und durch
Drehbewegung entzerrte Figur
nach Plateau 1829.

Faradaysche Scheiben
Von dem bekannten Physiker
Faraday zur Darstellung des stroboskopischen Effekts verwendete
Scheiben. Zwei derartige Scheiben
wurden gegenläufig mit unterschiedlicher Geschwindigkeit
gedreht; die Zähne erscheinen bei
einer bestimmten Geschwindigkeit
stillstehend.

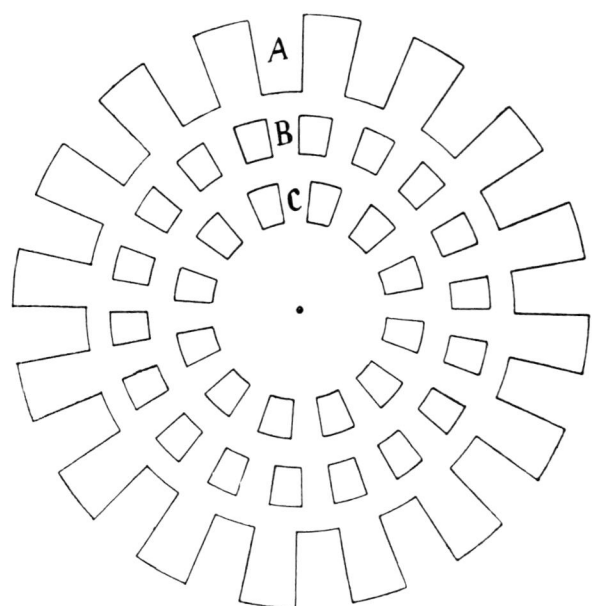

Untersuchungen auf diesem Gebiet. Er kannte
die Arbeit von Roget und soll sich daran erinnert haben, als er beim Besuch einer Mühle darauf aufmerksam gemacht wurde, daß zwei ge-
genläufige Zahnräder bei einer gewissen Geschwindigkeit scheinbar still stehen. Er baute
sich eine einfache Versuchseinrichtung, mit der
die Nachbildung des Effekts gelang. Als Physiker versuchte Faraday seine Beobachtungen zu
verallgemeinern und Rogets Beweisführung
richtigzustellen. Er stellte ferner fest, daß sich
der scheinbar stillstehende Zahnkranz langsam
dreht, wenn die beiden Scheiben etwas vonein-
ander abweichende Geschwindigkeiten haben,
und daß geringfügig unterschiedliche Zähnezah-
len beider Räder ebenfalls zu scheinbaren Dreh-
bewegungen führen. Mit diesen und anderen
grundsätzlichen Feststellungen zu dem Problem
hatte sich die Angelegenheit für den Physiker
offensichtlich erledigt. Er veröffentlichte seine
Ergebnisse, zog aber aus der Arbeit keinen
praktischen Nutzen.

Die Faradaysche Scheibe unterscheidet sich von
dem Anorthoskop durch die vielen Schlitze, die
sich zwischen den Zähnen ergeben, denn das
Anorthoskop hat nur einen Beobachtungs-
schlitz.

Die Veröffentlichung von Faraday wurde dem
nunmehrigen Professor Plateau in Leyden bekannt. Er hatte sich beiläufig weiter mit der Angelegenheit beschäftigt. Zur gleichen Zeit wurde
in Wien Professor Stampfer auf die Veröffentlichung von Faraday aufmerksam. Nun geschah
das, was in der Geschichte der Erfindungen und
Entdeckungen so häufig der Fall war und ist,
wenn eine Sache herangereift ist: Beide haben
gleichzeitig dasselbe getan. Sie fertigten Scheiben mit Bewegungsphasen an. Jeder Phase
wurde ein Schlitz zugeordnet, durch den die
sich drehende Scheibe vor einem Spiegel beob-
achtet werden konnte. Der Effekt war verblüf-
fend. Die einzelnen Bewegungsphasen stellten
sich als eine kontinuierlich ablaufende Bewegung dar. Daraus wurde ein beliebtes Spielzeug,
das rasch in den Handel kam. Stampfer verbesserte das Prinzip, indem er die Schlitze auf

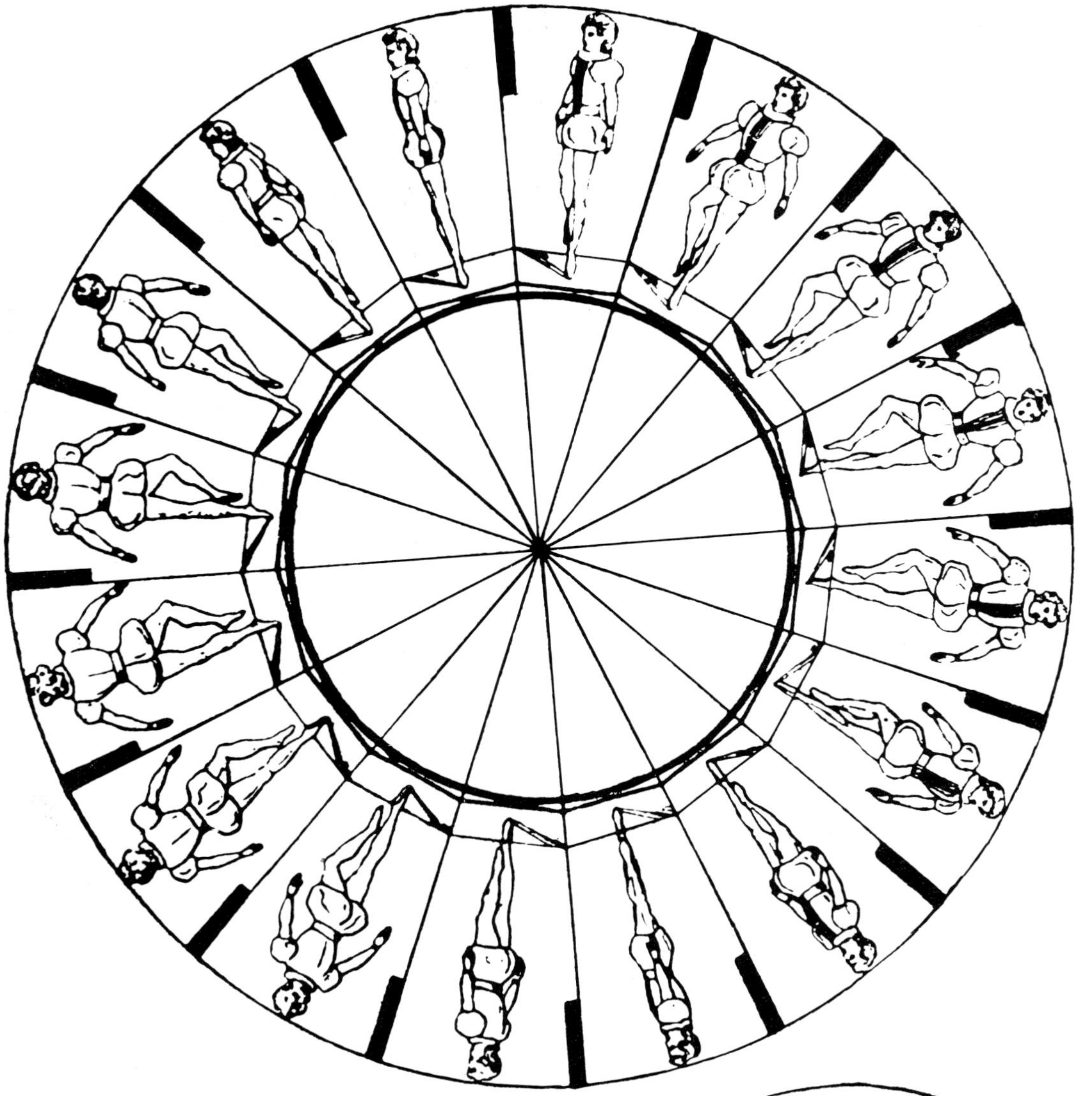

Simon Stampfer

* 28.9.1792 Windisch-Matrei, Österreich
† 10.11.1894 Wien

Vater Tagelöhner. Studium der Mathematik unter schwierigen Bedingungen. Professor für Mathematik, Geometrie und Vermessungskunde am Polytechnikum in Wien. Arbeiten zu Fraunhofers Objektivuntersuchungen geben Anregung für Voigtländer zu weiterführenden Arbeiten über Mikroskopobjektive. 1832 Versuche zur Herstellung stroboskopischer Scheiben angeregt durch Arbeiten von Faraday. 1833 sechs Doppelscheiben realisiert. 7.5.1833 österreichisches Privileg (Patent) Nr. 1920. Stroboskop-(Lebensrad-)Scheiben wurden in der Wiener Kunsthandlung Trentsensky & Vieweg verlegt. Seit 1848 wegen Krankheit im Ruhestand.

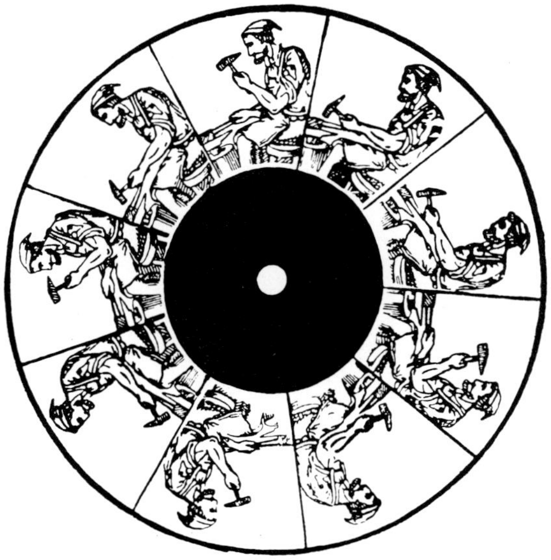

Lebensradscheibe

Die gezeichneten Phasenbilder wurden durch Schlitze vor einem Spiegel betrachtet. Bei hinreichend schneller Drehbewegung verschmelzen die Bewegungsphasen infolge des stroboskopischen Effektes zu einer Bewegung. Gezeichnet von Plateau 1832 für sein erstes Lebensrad, das er Phenakistikop nannte.

Lebensradscheiben

Mit gezeichneten Phasenbildern von Stampfer, der das Lebensrad gleichzeitig und unabhängig von Plateau 1832 erfand.

Stroboskop oder Lebensrad
Zur Betrachtung der zur Bewegung
verschmelzenden Phasenbilder
durch die Schlitze oder Löcher war
ein Spiegel notwendig (nach
Stampfer 1832).

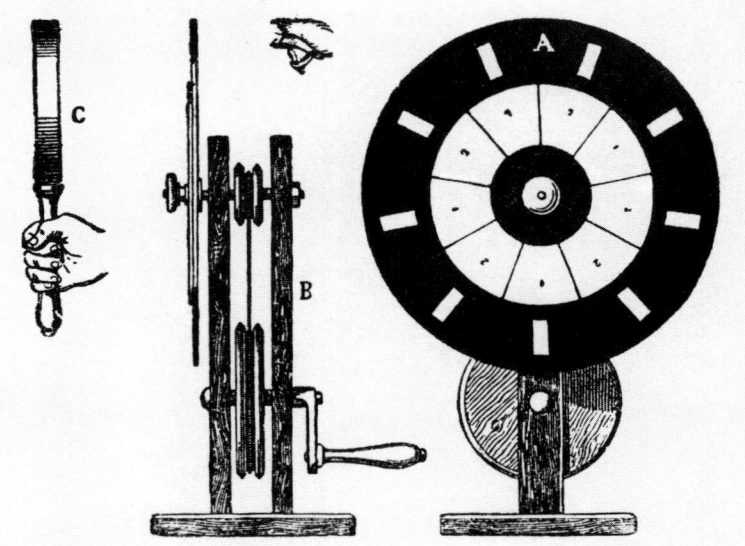

Lebensrad
1835 verwendete Stampfer für sein
Lebensrad zwei Scheiben (Phasen-
bild- und Schlitzscheibe); dadurch
wurde der Spiegel überflüssig. Das
Lebensrad war in dieser Form
viele Jahre ein beliebtes Spielzeug.

Wundertrommel
Weiterentwicklung des Lebensrades von Horner 1834. Ein
beliebtes Spielzeug. Wurde auch
zur Vorführung fotografisch auf-
genommener Phasenbildreihen
für wissenschaftliche Zwecke
verwendet.

Phasenbildreihen
Derartige Bildreihen wurden an der
Innenseite einer Wundertrommel
angebracht.

einer und die Phasenbilder auf einer zweiten Scheibe anordnete und beide auf einer Achse in einem bestimmten Abstand montierte. Er nannte es Stroboskop. Im Volksmund wurde es Lebensrad genannt. Plateau nannte seine Erfindung Phenakistiskop.

Diese Entwicklungen von Stampfer und Plateau waren der entscheidende Ausgangspunkt für alle weiteren Erfindungen und Entwicklungen, die zur heutigen Filmtechnik führten. So gesehen kann also mit Recht behauptet werden, daß die Geschichte der Filmtechnik mit dem Jahr 1829 — Veröffentlichung von Plateaus Dissertation — begann.

Die Geschichte des Lebensrades zeigt anschaulich, wie aus einer scheinbar belanglosen Beobachtung durch gründliche Untersuchungen praktische Ergebnisse erzielt werden können, die für die weitere Entwicklung eines Fachgebietes entscheidend sind. Sie zeigen uns aber auch, daß es gar nicht so selbstverständlich ist, daß sofort hinter einer scheinbaren Belanglosigkeit das grundsätzliche Phänomen erkannt wird.

Angeregt durch die Erfindung des Lebensrades stellte Horner — ein bekannter Mathematiker — 1834 das Zoetrop oder Daedaleum vor. Es wird gewöhnlich Wundertrommel genannt. Das Prinzip gleicht dem Lebensrad. Die Phasenbilder sind auf der Innenseite oder dem Boden eines nach oben offenen Zylinders angeordnet. Zu jedem Bild gehört ein Schlitz am Umfang des Zylinders. Wird die Trommel hinreichend schnell gedreht, dann kann man die scheinbaren Bewegungen durch die Schlitze beobachten. In der Wundertrommel konnten mehr Phasenbilder angeordnet werden als auf der Scheibe des Stroboskops, so daß die Bewegungen länger wurden. Sie wurde zu einem weit verbreiteten Spielzeug und ist gelegentlich noch heute im Privatbesitz anzutreffen. Das Zoetrop wurde in dieser und abgeänderter Form auch für wissenschaftliche Untersuchungen eingesetzt. Darüber wird später zu berichten sein.

Projektionslebensrad

Den nächsten wesentlichen Schritt in Richtung auf die Filmprojektion machte Uchatius. Bei seinen Lehrvorträgen an einer Wiener Militärschule benutzte er das Lebensrad zur Demonstration physikalischer Vorgänge. Beispielsweise war es damit möglich, den Studenten die Pendelschwingungen und die sinoidische Bewegung sehr anschaulich vorzuführen. Uchatius störte jedoch, daß immer nur ein Student das Gerät benutzen konnte; das kostete Zeit. Er kam auf die Idee, die Phasenbilder auf eine transparente Unterlage zu zeichnen und hinter das Stroboskop eine laterna magica als Lichtquelle zu stellen. Er realisierte diesen Gedanken 1845 und konnte so die Bilder für viele gleichzeitig sichtbar projizieren.

Die Bilder, die mit diesem ersten Projektor der Filmgeschichte vorgeführt werden konnten, waren wegen der geringen Lichtausbeute sehr dunkel. Deshalb ordnete Uchatius 1853 zu jedem

Franz Freiherr von Uchatius
* 20.10.1811 Theresienfeld, Österreich
† 4.6.1881 durch Freitod

Sohn eines Straßenmeisters. 5.8.1829 Kadett der österreichischen Armee. Lehrer an der militärischen Lehranstalt. Beschäftigung mit Chemie und Physik. 1838 angeregt durch Arbeiten von Niépce (f.d.), Daguerre (f.d.) und Talbot (f.d.) erste fotografische Arbeiten. 1845 Erfindung des Projektionslebensrades mit Bildern von 15 cm Durchmesser. Nach Teilnahme am Feldzug 1848/49 Verbesserung des Projektionslebensrades. 1853 Vorstellung vor der Wiener Akademie der Wissenschaften. Projektionsfläche 2 m × 3 m. Verkauf seiner Erfindung unter der Verpflichtung zur Geheimhaltung seiner Urheberschaft — d.h. mit allen Rechten — an den Schausteller Döbler für 100 österreichische Gulden. 1856 Reise nach London. Beförderungen und Ehrungen für militärische Leistungen und Entwicklungen auf dem Gebiet der Militärtechnik. Ursachen seines Freitodes sind unbekannt.

Emile Reynaud

* 8.12.1844 Montreuil, Frankreich
† 9.1.1918 Ivry, Frankreich

Mechaniker, Fotograf und Gewerbe-
lehrer. Bedeutende zeichnerische Fähig-
keiten. 1877 Erfindung des optischen
Ausgleichs. Entwicklung des Praxi-
noskops. Zeichnete dreißig verschiedene
Bildbänder mit je zwölf Bildern für
dieses Gerät. 1882 Ersatz der Papierbänder durch handkolorierte Glasbilder, die mittels Petroleumlampe
projiziert werden können. 1.12.1888
Kombination eines endlosen Gelatine-
bandes mit einem Perforationsloch
pro Bild mit laterna magica als
Projektions-Praxinoskop. Patentiert
unter Nr. 194482. 1896 Anfertigung
fotografischer Aufnahmen für das
Praxinoskop mit selbstgebauter Kamera. 1892 Vertrag über Vorführungen mit dem Musée Grevin. Bis
1900 12 000 Vorstellungen vor ca.
500 000 Besuchern. Nach Vertrags-
kündigung durch das Museum Mechaniker bei Gaumont. Entwickelte 1902
eine Stereokamera und 1907 ein
Stereokino. Ab 1911 Sekretär eines
Architekten. Unter krankhaften Depressionen Zerstörung seiner sämtlichen
Apparate und Unterlagen.
24.3.1917 Einlieferung in ein Kran-
kenhaus für unheilbar Kranke.

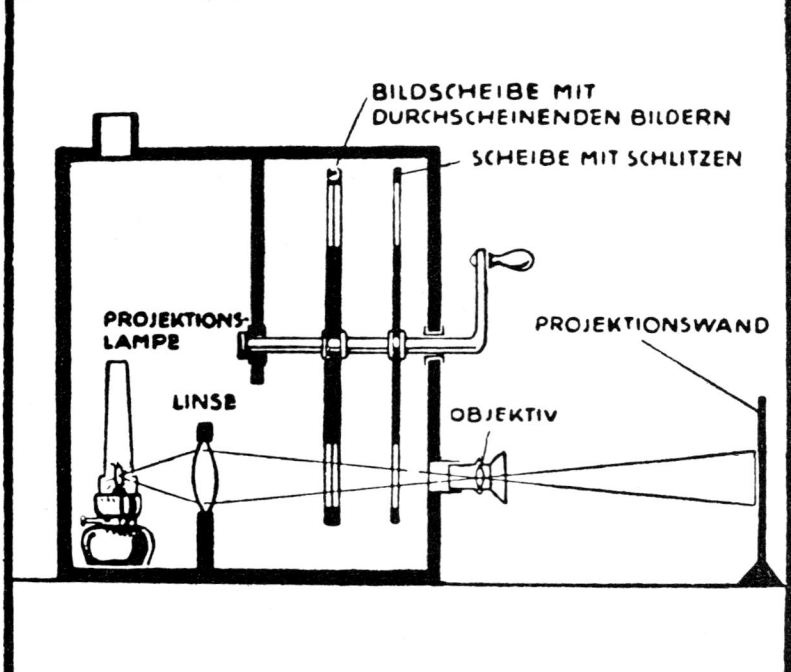

Projektionslebensrad

Erstes Gerät zur Projektion von
bewegten Bildern von Uchatius
1845. Die Erfindung dieser Einrichtung war ein entscheidender
Schritt in Richtung auf die heutige
Filmprojektion. Es wurde zunächst
für Unterrichtszwecke entwickelt
und genutzt.

Praxinoskop

Filmvorführungseinrichtung von
Reynaud aus dem Jahre 1888 mit
Filmschleifen, optischem Ausgleich
durch Spiegelkranz und zusätz-
licher Hintergrundprojektion. Die
Phasenbilder auf dem Film wurden
von Reynaud selbst gezeichnet
und koloriert.

Phasenbild ein Objektiv an, ließ Objektiv und Phasenbild stillstehen und drehte hinter beiden die Lichtquelle. Mit diesem genialen Trick gelang es, Bilder auf eine Fläche von 2 m × 3 m zu projizieren. Die Verbindung von laterna magica und Lebensrad entspricht im Grundaufbau den heute üblichen Projektoren. Die Linsenkranzkonstruktion des verbesserten Projektionslebensrades verwendete später Jenkins in seiner Filmkamera. Sie ist heute noch in einigen Schneidetischen zu finden, die sich dadurch hinsichtlich der Bildqualität besonders auszeichnen.

Uchatius nannte seine Erfindung Projektionslebensrad. Er war sich ihrer Tragweite offensichtlich nicht bewußt, sonst hätte er das Gerät nicht mit der Verpflichtung zur Geheimhaltung seiner Urheberschaft (!) dem Schausteller und Taschenspieler Döbler für die geringe Summe von 100 österreichischen Gulden verkauft. Döbler verdiente damit ein Vermögen. Er starb auf einem schloßartigen Landsitz. Uchatius ist aus

Praxinoskoptheater
Ein von Reynaud entwickeltes Spielzeug, bei dem die bewegten Figuren vor einem Proszenium sichtbar wurden.

nicht bekannten Gründen, die aber nichts mit dieser Geschichte zu tun haben, mittellos in den Freitod gegangen.

Eine wesentliche Verbesserung der Wundertrommel gelang Reynaud. Er führte den optischen Ausgleich ein, der ihm 1877 in Paris patentiert wurde. Statt der Schlitze am Umfang der Trommel hatte er im Inneren, den Phasenbildern gegenüberstehend, Spiegel angeordnet. Dadurch wurde ein Phasenbild in das andere »überblendet«. Die Bewegungsabläufe wurden kontinuierlicher und das Bild heller. Dieses Gerät löste die Wundertrommel weitgehend ab und erfreute sich als Praxinoskop großer Beliebtheit. Eine besonders liebenswerte Variante war das Praxinoskop-Theater, bei dem die von den Spiegeln reflektierten Bilder durch ein kleines Proszenium betrachtet werden konnten. Es entstand der Eindruck eines Miniaturtheaters.

1889 erweiterte Reynaud seine Erfindung. Er kombinierte das Projektionslebensrad von Uchatius mit seinem Praxinoskop. Das Ergebnis war ein Projektor mit optischem Ausgleich, den er Projektions-Praxinoskop nannte. — 30 Jahre später hat Mechau auf dem gleichen Prinzip einen industriell gefertigten Projektor entwickelt, der wegen seiner geringen Lichtstärke aber nicht mit den heutigen Geräten konkurrieren konnte. Erst in den letzten Jahren — nachdem mit der Xenonlampe eine lichtstarke Lampe entwickelt wurde — ist dieser Gedanke wieder aufgegriffen worden. Der kontinuierliche Filmtransport, den Reynaud realisierte, ist kinetisch dem absatzweisen Weiterschalten des Films, wie es gegenwärtig in den meisten Projektoren und Filmkameras erfolgt, weit überlegen. Er ist filmschonender, geräuschloser und von geringerem technischem Aufwand.

Reynaud zeichnete seine Phasenbilder bereits auf perforiertem durchsichtigem Material. Er hatte mit den Vorführungen zunächst Erfolg. Aber der Film war bereits erfunden, und sehr rasch eroberten sich die fotografierten Filme die Gunst des Publikums. Reynaud blieb bei seinem Prinzip, geriet zunehmend in Vergessenheit und vernichtete endlich unter krankhaften Depressionen seine sämtlichen Geräte und Unterlagen, so daß heute kein Original dieser bewundernswerten Erfindung mehr erhalten geblieben ist.

Mit Reynaud ging die Zeit der gezeichneten Phasenbilder zu Ende; es sei denn, man ist geneigt, in den Zeichentrickfilmen das Prinzip zu erkennen. Parallel zu der hier aufgezeigten Entwicklung hatte sich eine für die Filmtechnik entscheidende Erfindung durchgesetzt — die Fotografie. Sie machte die fotografische Aufnahme der Phasenbilder möglich.

Das führte zum nächsten Schritt ...

Von der Fotografie zum Phasenbild

Fotografie · Bewegungsanalyse

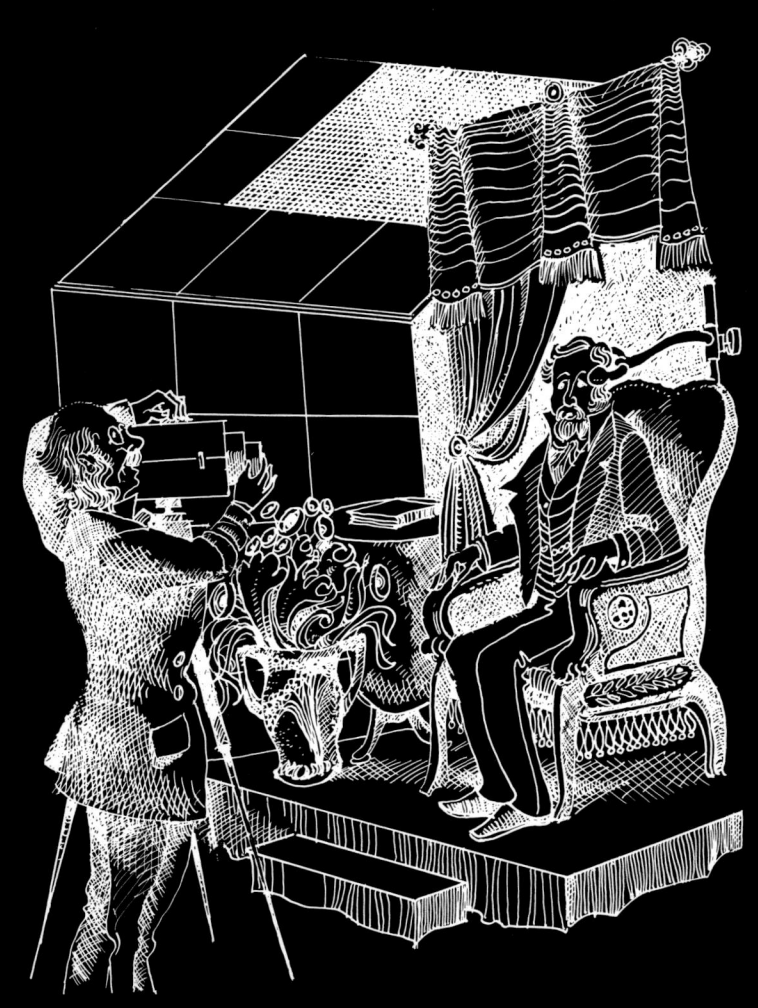

Joseph Nicèphore Nièpce

* 7. 3. 1765 Chalon-sur-Saône, Frankreich
† 5.7.1833 Gras bei Chalon, Frankreich

Vater Advokat und Königlicher Rat. Domänenverwalter des Herzogs von Rahau in Chalon. – Erziehung im Priesterseminar. Später Lehrer in diesem Seminar. Eintritt in ein Infanterieregiment, um dem Ruf eines Royalisten zu entgehen. 1793 Leutnant. Teilnahme am Feldzug in Italien. Wegen Typhus Austritt aus der Armee. Umsiedlung nach Nizza; heiratete dort. 1795 Mitglied der Verwaltung des Distrikts Nizza. Jährliche Rente 7 000 Livres. 1801 mit Bruder Claude wieder auf dem Landsitz seines Vaters. Arbeiten an einem Explosionsmotor. 20.7.1807 darauf ein von Napoleon ausgestelltes Patent. Ab 1813 zum Gelderwerb für die Fortsetzung der Arbeiten am Motor Beschäftigung mit Lithographie. Sein Sohn Isidor, der die Zeichnungen für die Lithographien angefertigt hatte, geht 1814 zur Königlichen Garde. Suche nach anderen Wegen, um Vorlagen für die Lithographie zu erhalten. 9.5.1816 Brief an Isidor; darin erste Mitteilung über die Verwendung lichtempfindlicher Papiere in der camera obscura. Erfindung von Irisblende und Balgenauszug. 1822 fotografisches Asphalt-Lackverfahren. 1826 Bestellung einer Kamera bei Chevalier in Paris führt zur Begegnung mit Daguerre (f.d.) 14.12.1829 Vertrag mit Daguerre über gemeinsame Arbeiten zur Verbesserung der Fotografie. Starb in ärmlichen Verhältnissen.

Kehren wir noch einmal in das Jahr 1829 zurück. Plateau hatte im Juni seine Dissertation über den stroboskopischen Effekt vorgelegt. Im gleichen Monat wurde zwischen den Franzosen Nièpce und Daguerre ein Vertrag über die Zusammenarbeit bei der Entwicklung der Fotografie und deren Nutzung geschlossen, der in die Geschichte der Fotografie eingegangen ist, weil er wesentlich zu ihrer Entwicklung beigetragen hat. Wie kam es dazu?

Fotografie

Nièpce wollte mit seinem Bruder Claude einen Verbrennungsmotor konstruieren. Ihnen fehlten die Mittel. Während Claude nach England reiste, um dort die notwendigen Gelder zu beschaffen, wandte sich Nièpce der Lithographie zu. Dieses Verfahren kam dem damals stark gestiegenen Bedürfnis nach Informationsvermittlung sehr entgegen. Die Lithographie war Ende des 18. Jahrhunderts von Senefelder in München entwickelt worden und kam nach der Restauration mit dem französischen General La Fayette nach Paris. Sie hatte sofort großes Aufsehen erregt und versprach, ein einträgliches Geschäft zu werden. Die Nièpce zur Verfügung stehenden Steine hatten eine sehr grobe Struktur. Aus diesem Grunde versuchte er, Zinnplatten zu verwenden. Weil er das Zeichnen auf Zinnplatten nach den Vorlagen nicht gut beherrschte und die Arbeit dadurch zu zeitaufwendig und unproduktiv wurde, versuchte Nièpce, die Gravuren auf chemischem Wege herzustellen.

Die Schwärzung des »Chlorsilbers« (Silberchlorid) durch Licht war bekannt. Nièpces Versuche auf dieser Basis blieben aber erfolglos, weil die Fixierung noch nicht bekannt war. Er setzte deshalb ein damals bereits praktiziertes Verfahren ein, das heute bei der Herstellung mikroelektronischer Bauelemente und Schaltungen eine Renaissance erfuhr: Er verwendete Asphaltlack, der ähnliche Eigenschaften hatte, wie der heute verwendete Fotolack. Asphaltlack

härtete am Licht – vornehmlich im kurzwelligen Licht – aus, so daß die unbelichteten Stellen ausgewaschen werden können. An den ausgewaschenen Stellen greift die Ätzflüssigkeit an, und so entsteht die Gravur.

Entscheidend für den Fortgang unserer Geschichte war die Tatsache, daß Nièpce nach den bekannten Überlieferungen erstmalig für die Belichtung eine camera obscura und statt der Zinnplatten versuchsweise auch Glasplatten verwendete. Nach zwölfstündiger Belichtung (!) erhielt er so 1822 die erste Fotografie der Welt, die in einer Kamera hergestellt worden ist. Nièpce bezeichnete diese Bilder als Heliographien.

Versuche, die Schwärzung von Silberhalogeniden oder anderen Stoffen für die fotografische Aufzeichnung zu verwenden, waren zu damaliger Zeit nicht selten. In Paris beschäftigte sich neben anderen auch der Maler Daguerre damit. Er besaß ein Diorama. Das ist ein Panorama mit Lichtwirkungen. Panoramen waren bereits seit Parigi (1627) eine beliebte Schaustellung. Sie bestanden aus überdimensionalen Gemälden mit natürlichem Vordergrund. Das bekannteste Panorama zu Zeit Daguerres in Paris soll das von Oberst Langloise gewesen sein. Er zeigte den Zuschauern von einem künstlich gebauten Schiff eine Seeschlacht. Daguerre wollte die Fotografie für die absolut realistische Darstellung seiner Dioramen nutzen.

Nièpce und Daguerre waren Kunden des Kameratischlers und Mechanikers Charles Chevalier. Durch ihn wurden sie 1826 miteinander bekannt. Sie erfuhren von ihren gegenseitigen Bemühungen und schlossen auf Drängen Daguerres den oben erwähnten Vertrag.

Mehr zufällig als durch systematische Untersuchungen entdeckte Daguerre die Lichtempfindlichkeit iodierter Silberplatten, die Entwicklung des latenten Bildes durch Quecksilberdämpfe und etwas später die Fixierung des Bildes in Kochsalzlösung. Erst 1839 ersetzte Herschel das Kochsalz durch das heute noch gebräuchliche Natriumthiosulfat.

Die Aufnahmen von Daguerre wurden sehr

schnell bekannt. Der französische Staat nahm sich der Angelegenheit an. Am 19.8.1839 veröffentlichte der Astronom und Physiker Arago in der Sitzung der französischen Akademie der Wissenschaften das Daguerreotypie-Verfahren. Die Offenlegung durch den Staat bedeutete im damaligen Frankreich, daß die Nachnutzung für jeden unentgeltlich möglich war, denn es wurde nur die Urheberschaft festgestellt und geschützt. Dadurch eroberte sich die Daguerreotypie in wenigen Monaten alle europäischen Länder. Der französische Staat setzte Nièpce und Daguerre eine lebenslange Rente aus. Nièpce starb sechs Jahre vor der Veröffentlichung. Er hat also den Erfolg der gemeinsamen Bemühungen nicht mehr erlebt. Seine Familie hatte den finanziellen Nutzen. Der zu erwartende Streit zwischen den Erben von Nièpce und Daguerre um die Priorität dieser lukrativen Erfindung blieb nicht aus. Zudem machte Bayard auf sich aufmerksam, der mit Recht nachweisen konnte, daß er bereits vor Daguerre und Nièpce Fotografien angefertigt hatte. Er vergaß offensichtlich, in der geeigneten Form auf sich aufmerksam zu machen! — Als Bayard bei Arago vorstellig wurde, war bereits alles entschieden. So ist bis auf den heutigen Tag Daguerre in Verbindung mit Nièpce der Erfinder der Fotografie geblieben. Das Jahr 1839 wird als ihr Geburtsjahr angesehen.

Eine Daguerreotypie war ein Originalpositiv, das nicht kopiert werden konnte. Sie verlangte anfänglich eine Belichtungszeit von etwa 30 Minuten bei vollem Sonnenlicht, denn verwendbares Kunstlicht gab es noch nicht. Eine Porträtfotografie ist eine Strapaze gewesen. Von Momentfotografie konnte noch keine Rede sein.

Eine wesentliche Verbesserung gelang Talbot. Er erfand das Negativ-Positiv-Verfahren. Zu diesem Zweck präparierte Talbot Papier mit Silbernitrat und Kaliumiodid und überstrich es kurz vor der Belichtung mit einer mit Essigsäure versetzten Lösung von Silbernitrat und Gallussäure. Ein komplizierter Vorgang, aber die Belichtung in der Kamera dauerte »nur« noch

Louis Jacques Mandé Daguerre

* 18.11.1787 Cormeilles-en-Parisis
† 10.7.1851 Petit-Bry-sur-Marne

Sohn eines Gerichtsdieners. Ab 1804 als Dekorationsmaler im Atelier von Degatte. Panorama- und Bühnenmalerei führten ihn zum Diorama. Erstes Diorama gemeinsam mit dem Maler Bouton 11.7.1822 in Paris eröffnet. Ist zur Verbesserung der Dioramen um fotografisches Verfahren bemüht. 1824 Ritter der französischen Ehrenlegion. Schloß mit Nièpce (s.d.) am 14.12.1829 einen Vertrag zur Verbesserung der Fotografie. Ende 1838 Vorführung des Verfahrens vor den Mitgliedern der französischen Akademie der Wissenschaften. 7.1.1839 offizielle Veröffentlichung vor der Akademie durch Arago. 1839 verbrennen durch ein Feuer im Diorama alle Erstlingsarbeiten. 10.8.1839 kaufte der französische Staat das Daguerreotypie-Verfahren auf Anraten von Arago und Gay-Lussac. Daguerre und Nièpce erhalten eine Staatsrente von 6 000 bzw. 4 000 Franken pro Jahr. 1843 Ehrenmitglied der Berliner Malerakademie. Sein Fachbuch »Procédés du daguerreotypie et du diorama« gilt als erstes Fachbuch der Fotografie.

William Henry Fox Talbot

* 11.2.1800 Melbury, Dorsthire, England
† 17.9.1877 Lacock Abbey bei Chippenham, Wiltshire, England

Studium der Mathematik und Physik in Cambridge. 1823–1824 Italienreise. Zeichnungen mit der camera obscura. 1831 Mitglied der Royal Society of Sciences London. 1823–1843 Mitglied des britischen Parlaments. 1833 Reise nach Italien. Erneute Versuche mit der camera obscura Landschaften zu zeichnen; die unbefriedigenden Ergebnisse führen zur Beschäftigung mit der Fotografie. 1834 erste fotografische Versuche. 31.1.1839 Bericht über erste Erfolge auf diesem Gebiet vor der Royal Society und schriftliche Mitteilung an Biot (Mitglied der französischen Akademie der Wissenschaften). 21.9.1840 Entdeckung des latenten Bildes auf Jod-Silberpapier. 1841 Patent Nr. 8842 auf das Kalotypie-Verfahren (kalós gr. – schön). 1844 Herausgabe des Buches »The Pencil of Nature« (»Der Zeichenstift der Natur«) mit 24 Tafeln mit Originalabzügen von Negativen. 1873 erstes Ehrenmitglied der Royal Photographic Society in London.

Richard L. Maddox

* 4.8.1816 Bath, England
† 11.5.1902 Portsmouth, England

Studium der Medizin. Promotion zum Dr. med. Praktischer Arzt in Konstantinopel; heiratet dort 1849. 1875 nach Ajaccio auf Korsica anschließend nach Bordighera in Italien. Später wieder in England. Beschäftigung mit Mikrofotografie. Medaille der Photographischen Gesellschaft in London 1855. Erfolgreiche Ausstellung in Dublin 1865. Experimentiert mit Eiweißschichten auf Glasplatten. 8.9.1871 Veröffentlichung von »An Experiment with Gelatine-Bromid« (»Ein Experiment mit Gelatine-Bromid«) im British Journal of Photographie. Übergibt aus diesem Anlaß dem Verleger Tayler die ersten Silberbromid-Gelatine-Trockenplatten als Negative. — Zog selber keinen ökonomischen Nutzen aus der Erfindung. Einige Berufsfotografen und Amateure überreichten später ein Ehrengeschenk im Wert von 8 000 Mark. 1901 Auszeichnung mit Progreß-Medail der Royal Photographic Society in London.

Frederick Scott Archer

* 1813 Stratford, England
† 1857

Löste im März 1851 durch Einführung des nassen Kollodiumverfahrens die Daguerreotypie ab. Erste Anregungen durch Arbeiten des Malers Gustave Le Gray (1820–1862) in Frankreich. Prioritätsstreitigkeiten mit Le Gray über mehrere Jahre. In diesen Streit mischte sich der Engländer Bingham, der Archers Entwicklung mit großem Erfolg in Frankreich — dem Ursprungsland der Daguerreotypie — publizierte. 1855 Patent auf Ablösung der Kollodiumfolie vom Glasträger mit Guttaperchalösung; führte zur Negativfolie. Hinterließ nach seinem Tode kein Vermögen. Eine Sammlung seiner Freunde zu Gunsten seiner Familie erbrachte 747 Pfund Sterling. Die englische Regierung setzte den Kindern eine Jahrespension von 50 Pfund Sterling aus. Sein Verfahren wurde auch als Ambrotypie bekannt.

neun bis zehn Minuten. Es entstand ein Negativ, das mit Kaliumbromid fixiert werden konnte. Davon ließen sich auf dem gleichen Wege Kontaktabzüge herstellen. Das Verfahren wurde als Talbotypie bekannt. Talbot selber verwendete die Bezeichnung Kalotypie nach dem griechischen Wort »kalós« = schön. Wegen der groben Papierstruktur war die Qualität der Bilder nach heutigen Maßstäben gemessen und im Vergleich zur Daguerreotypie nicht überzeugend. Entscheidend waren die Einführung des kopierfähigen Negativs und die Erfindung des Fotopapiers.

Für den an Prioritäten interessierten Leser sei erwähnt, daß Talbot sein Verfahren bereits am 20. 1. 1839 — also sieben Monate vor der Veröffentlichung der Erfindung von Daguerre und Nièpce — der Royal Society in London vorgestellt hat. Von England nach Europa mußte die Nachricht über das Wasser, und das war damals noch ein erhebliches Hindernis, wenn es um so kurze Zeiten ging. Wer ist nun *der* Erfinder? Wem gehört die Priorität? Es ist müßig, darüber zu streiten. Daguerre wurde schneller bekannt — das war entscheidend!

1841 entdeckt Claudet, daß die Daguerreotypie durch Chlor wesentlich empfindlicher gemacht werden konnte und verkürzte die Belichtungszeit auf etwa zehn Minuten; später reduzierte er sie sogar auf einige Sekunden. So blieb die Daguerreotypie neben der Talbotypie trotz ihrer verfahrensbedingten Nachteile noch lange Zeit konkurrenzfähig.

Metallplatten (Daguerre) und Papier (Talbot) waren als Schichtträger für die lichtempfindliche Emulsion ungünstig. Es lag nahe, Glasplatten einzusetzen. Zahlreiche Versuche verschiedener Experimentatoren, Eiweiß oder andere Substanzen zur Bindung der Emulsion auf Glasplatten zu verwenden, blieben erfolglos.

Erst im März 1851 stellte Archer ein Verfahren vor, das Kollodium als Bindemittel verwendete. Die Ergebnisse waren überzeugend. Das sogenannte »nasse Kollodiumverfahren« — die Platten mußten kurz vor der Belichtung begossen werden — setzte sich durch. Archer beschrieb auch, wie das Kollodiumhäutchen von der Glasplatte abzulösen sei, um es besser aufbewahren zu können. Diese Methode wurde viele Jahre später durch Eastman bei der Herstellung des Stripping-Films wieder aufgegriffen.

Archer ließ sich sein Verfahren nicht patentieren. Damit trug er zu dessen schneller Verbreitung bei. Zwanzig Jahre beherrschte die Ambrotypie — wie das nasse Kollodiumverfahren auch genannt wurde — die Fotografie. Mit ihm begann die Amateur-Fotografie. Allerdings mußte damals die gesamte Dunkelkammerausrüstung bei Außenaufnahmen mitgeführt werden — ein Gepäck von schätzungsweise 50 kg! Aber was tut man nicht alles, wenn es um die Selbstbestätigung durch Selbstbetätigung geht. Es konnte nicht ausbleiben, daß derart ausgerüstete Fotografen die Zielscheibe der Karrikaturisten wurden.

Das nasse Verfahren war nicht gerade angenehm zu handhaben. Es fehlte daher nicht an Versuchen, trockene vorzufertigende Platten mit einer zeitlich stabilen und möglichst lichtempfindlichen Schicht herzustellen.

Zwanzig Jahre waren nötig, um durch Veränderung der Entwicklersubstanzen, chemische Untersuchungen der Silberhalogenide und technologische Verbesserungen die Voraussetzungen dafür zu schaffen. Das wachsende Interesse an der Fotografie und die damit verbundenen ökonomischen Anreize förderten die Arbeiten.

1871 stellte Maddox die trockene »Bromsilbergelatineplatte« vor. Er ersetzte u. a. das Kollodium durch Gelatine. Erst neun Jahre später — als eine ausreichende Qualität erreicht war — setzte sich die Trockenplatte endgültig durch. Entscheidend war dafür auch die Sensibilisierung der Emulsion für das gesamte sichtbare Spektrum des Lichtes durch Adsorption von Farbstoffen. Dies gelang 1873 Vogel. Er führte damit die panchromatische Platte ein. Bis dahin exponierten die Platten im wesentlichen nur im blauen Licht und waren für Rot nahezu unempfindlich.

Ambrotypieaufnahme
Der Aufwand für eine Fotografie nach dem nassen Kollodiumverfahren war erheblich, weil jede Fotoplatte unmittelbar vor der Aufnahme mit der lichtempfindlichen Schicht begossen werden mußte.

Die Trockenplatte konnte industriell gefertigt werden. Plattenfabriken entstanden in allen europäischen Ländern und in den USA. In Frankreich gründete 1882 Antoine Lumière in Lyon eine derartige Fabrikationsstätte. Sie wird stellvertretend für viele andere genannt, weil die Söhne von A. Lumière später noch eine entscheidende Rolle bei der Erfindung der Filmtechnik spielen werden.

So standen zwischen 1871 und 1880 fotografische Aufnahmematerialien zu Verfügung, die Belichtungszeiten von 1/200 s zuließen, einfach zu verarbeiten waren und sich durch günstige Vervielfältigungsmöglichkeiten auszeichneten. — Die Momentaufnahme von Bewegungsphasen war möglich geworden. Dank der Fortschritte auf optischem Gebiet — die hier nicht näher beschrieben werden können — wurde eine hohe Abbildungsgüte erreicht. Die Fotografie trat endgültig ihren Siegeszug an. Sie trug auf ihre Art dazu bei, das Leben der Menschen zu verändern.

Bewegungsanalyse

Was lag nun näher, als dieses Mittel für die Analyse und Darstellung von Bewegungen unter Anwendung des Lebensrades und der Wundertrommel, also durch Aufnahme und Wiedergabe von Phasenbildern mit Hilfe der Momentfotografie zu nutzen? Plateau soll bereits 1849 auf Hinweis von Wheatstone diesen Gedanken geäußert haben. Er schlug vor, die gezeichneten Phasenbilder des Lebensrades durch fotografische Aufnahmen zu ersetzen. Zu seiner Zeit waren die Fotomaterialien aber noch nicht genügend empfindlich.

Bevor die ersten erfolgreichen Versuche in dieser Richtung beschrieben werden, ist es notwendig, etwas grundsätzlicher über den Gegenstand unserer Betrachtungen nachzudenken. Dadurch sollen Mißverständnisse vermieden werden.

In der Literatur zur Geschichte der Kinematographie werden für die ersten Ergebnisse der Bewegungsanalyse mit Hilfe der Momentfotografie immer wieder die Begriffe Reihenbild, Serienfotografie, Bewegungsfotografie, Laufbild und andere verwendet. Es handelt sich in allen Fällen um kinematographische Aufnahmen, um die Fotografie von Phasenbildern einer Bewegung. Die Unterscheidungen sind irreführend.

Mutoskop-Reklame
Mutoskope waren mechanische Abblätterbücher. Um 1900 waren sie eine beliebte Schaustellung zur Selbstbedienung.

Mutoskop
Auf Pappe oder Blech gezeichnet Phasenbilder wurden durch Kurbeldrehung abgeblättert. Die Vorführgeschwindigkeit konnte selbst gewählt werden — auch Einzelbilddarstellung war möglich.

Aucun Appareil n'est garanti s'il ne porte la Sign.re
de
M.r DAGUERRE et le Cachet de M.r GIROUX.
LE
DAGUERREOTYPE
EXÉCUTÉ
sous la Direction
de son Auteur.
N.o 6.
à Paris
chez
Alph. Giroux et C.ie, Rue du Coq St. Honoré N.o 7.

Werbeplakat für die erste öffentliche **Filmvorführung der Brüder
Lumière**. Auf der Bildwand eine
Szene aus dem Film »Le Jardinier« (»Der Gärtner«)

CINÉMATOGRAPI

**Filmkamera Newmann & Sin–
clair**
Eine der ersten industriell gefertigten professionellen Filmkameras
(um 1905).

Seite 48

**Projektorkopf »Matador«
der Firma Nitzsche A.G.,
Leipzig**
Projektoren dieser Art — ohne
Filmspule und Lampenhaus —
waren die ersten serienmäßig hergestellten Film-Vorführgeräte. Die
Filme wurden wegen ihrer Kürze
frei abgewickelt (um 1905).

Bei der Kinematographie — »Bewegungsaufzeichnung« — spielt die Zahl der aufgenommenen Bilder, die Art ihrer Vorführung oder Auswertung sowie das Mittel, mit dem sie aufgenommen wurden, keine entscheidende Rolle. Der wesentliche Unterschied zur Fotografie besteht darin, daß bei der Kinematographie die Phasenbilder eines Vorganges so aufgezeichnet werden, daß bei der Wiedergabe dessen Verlauf erkannt werden kann.

Einige Beispiele sollen das deutlich machen:
— Noch heute werden Phasenbilder gezeichnet oder gestellt und einzeln nacheinander aufgenommen. So entstehen bekanntlich Zeichen- und Puppentrickfilme. Nichts anderes hat 1870 Heyl getan, als er einzelne Phasen eines Tanzes gestellt hat und wegen der Unempfindlichkeit der Materialien nacheinander fotografierte. Es ist völlig abwegig, dies nicht als ein kinematographisches Verfahren zu bezeichnen. Heyl führte die Tanzszene anschließend in seinem Phasmatrop — einer Art Wundertrommel — vor.
— Es ist heute üblich, Phasenbilder sowohl auf Kinefilm, Magnetband als auch Bildplatte aufzunehmen. Das Ergebnis ist für den Betrachter das gleiche. Der Fernsehzuschauer kann nicht ohne weiteres unterscheiden, ob er einen Kinefilm oder eine Magnetbandaufzeichnung vorgeführt bekommt.

— In der wissenschaftlichen Kinematographie werden heute noch Zeitlupenaufnahmen hergestellt, deren Auswertung nur durch aufeinanderfolgende Betrachtung der Einzelaufnahmen möglich ist. Eine Vorführung auf der Bildwand ist ausgeschlossen.

Trotzdem spricht man selbstverständlich von Filmaufnahmen. In diesem Sinne sind auch die bekannten und in letzter Zeit wieder beliebten Abblätterbücher — deren Erfindung im Jahre 1868 Linett zugeschrieben wird — mit vollem Recht als Taschenkino bezeichnet worden. Aus ihnen entwickelte Casler 1894 das Mutoskop. Es ist ein mechanisiertes Taschenkino. Es erfreute sich eine Zeit lang mit nicht immer ganz

Fotografische Phasenbildfolge
Aufgenommen in Palo Alto (Kalifornien, USA) 1872 von Muybridge mit der in Bild 54 gezeigten Einrichtung. Wegen der geringen Lichtempfindlichkeit der Fotoplatten waren nur Schattenbilder ohne Detailauflösung zu erreichen.

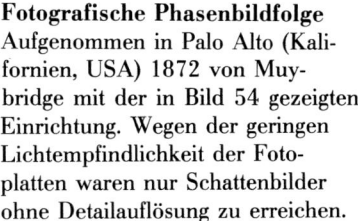

Aufnahmeapparatur von Muybridge 1872
Die im Gebäude (rechts) aufgestellten Kameras wurden über die am Boden liegenden Schnüre vom vorbeilaufenden Pferd synchron ausgelöst.

Eadweard James Muybridge

* 9.4.1830 Kingston on Thames,
England

† 8.5.1904 Kingston on Thames,
England

Auswanderung nach Amerika. Arbeit
als Berufsfotograf. Wurde bekannt
durch Fotoreportage über Alaska.
1872 Auftrag des Gouverneurs von
Kalifornien für fotografische Pferde-
studien. Mai 1872 erste Aufnahmen
auf der Rennbahn von Sacramento.
1874 vorsätzliche Tötung des Liebha-
bers seiner Frau; vom Gericht nach
sechs Monaten freigesprochen. 1878
in Palo Alto Pferdeaufnahmen mit
fünf, zwölf und später vierundzwanzig
Kameras, die zunächst mechanisch später elektrisch ausgelöst wurden. 1879
Weiterentwicklung der Wundertrommel zur Wiedergabe der Bewegungen
mit Phasenbildern. Entwicklung des
Zoopraxiscope. 4.5.1880 erste öffentliche Vorführung vor der San Fran-
sisco Art Association. 1881 Vorführungen in Europa. Bekanntschaft mit
Marey (s.d.) 1884 erste Arbeiten mit
Silberbromid-Gelatine-Platten.
1887 Veröffentlichung des elfbändigen Werkes »Animal Locomotion«.
1893 Vorführung seiner Ergebnisse
in der Zoopraxiscopical Hall auf der
Weltausstellung in Chicago, die auch
Edison (s.d.) besuchte.

Zoopraxiskop
Gerät zur Projektion von Phasen-
bildern — Muybridge 1890. Das
Prinzip entspricht dem Projektions-
lebensrad von Uchatius (Bild 40).
Als Lichtquelle wurde ein Gas-
Glühlicht verwendet.

seriösen Szenen — aber vielleicht auch und ge-
rade deshalb — großer Beliebtheit. Die Brüder
Lumière verbesserten dieses Gerät durch die
Verwendung von Metallplatten und nannten es
Kinora.

Wir werden die eingangs erwähnten Unter-
schiede nicht einführen. Sie unterstützen nur
die leidigen Prioritätsstreitigkeiten um *den* Erfinder der Kinematographie, den es tatsächlich
gar nicht geben kann. In der Literatur werden
dazu oft Spitzfindigkeiten als Beweismittel herangezogen. Es ist doch völlig unerheblich darüber zu entscheiden, ob Le Prince noch Reihen-
bilder oder schon Filme produziert hat, oder ob
die Brüder Skladanowski eben nicht die Erfinder der Kinematographie sind, weil sie noch
Filmschleifen verwendeten oder die erste Filmvorführung öffentlich mit oder ohne Eintrittsgeld stattgefunden hat. — Die Kinematographie
hat sich in relativ kurzer Zeit aber seit der Entdeckung des stroboskopischen Effekts doch
kontinuierlich entwickelt. Alle bekannten oder
unbekannten Erfinder und Forscher haben
mehr oder weniger ihren Anteil daran.

Das ausschließlich auf die Einzelpersönlichkeit
gerichtete Prioritätsdenken entspringt einer Zeit
und einer Haltung, die wir überwunden haben
sollten. Es war nicht selten durch chauvinisti-
sche und nationalistische Ansichten und Ab-
sichten geprägt. Die gesellschaftlichen Bezüge,
die für die Durchsetzung einer Erfindung auch
von großer Bedeutung sind, blieben dabei meistens unberücksichtigt. Im Vorgriff auf spätere
Ausführungen sei als Beispiel an Anschütz erinnert. Bei aller Hochachtung vor seiner persönli-
chen Leistung — er hätte seinen Beitrag zur
Entwicklung der Kinematographie wohl kaum
leisten können, wenn ihm nicht das Kriegsmini-
sterium — nach einem Reichstagsbeschluß! —
die notwendigen Mittel zur Verfügung gestellt
hätte. Die Pferde, denen er sich auftragsgemäß
widmete, waren die Autos von heute und eine
strategisch wichtige Angelegenheit.

Aus dieser Sicht soll der weitere Verlauf der
Geschichte der Filmtechnik geschildert werden.
Sie entwickelte sich in den nun folgenden Jah-

ren zu einem Massenmedium, das wie kaum ein
anderes die gesellschaftliche Entwicklung beeinflußt hat.

Wie bereits berichtet, hatte Plateau den für die
Kinematographie grundlegenden Gedanken, die
gezeichneten Phasenbilder durch fotografische
Aufnahmen zu ersetzen. Wegen der Unempfindlichkeit der Fotomaterialien konnte er ihn
nicht realisieren.

Von Tyndall (1850) und Talbot (1851) ist überliefert, daß sie die Aufnahme von Phasenbildern
mit Lichtblitzen elektrischer Funken vorgeschlagen und versucht haben sollen. Die Ergebnisse waren nicht ermutigend. Desvignes hat
1860 die Bewegungsphasen einer Dampfmaschine nacheinander gestellt und fotografiert. In
einer Wundertrommel kombiniert, zeigten sie
die natürliche Bewegung der Maschine. Dies ist
der erste bekannt gewordene Filmtrick. Von
ähnlichen Versuchen wird in der Literatur berichtet. Namen wie Wenham (1852) und Du
Bosq werden genannt. Wie viele ungenannte
mag es gegeben haben?

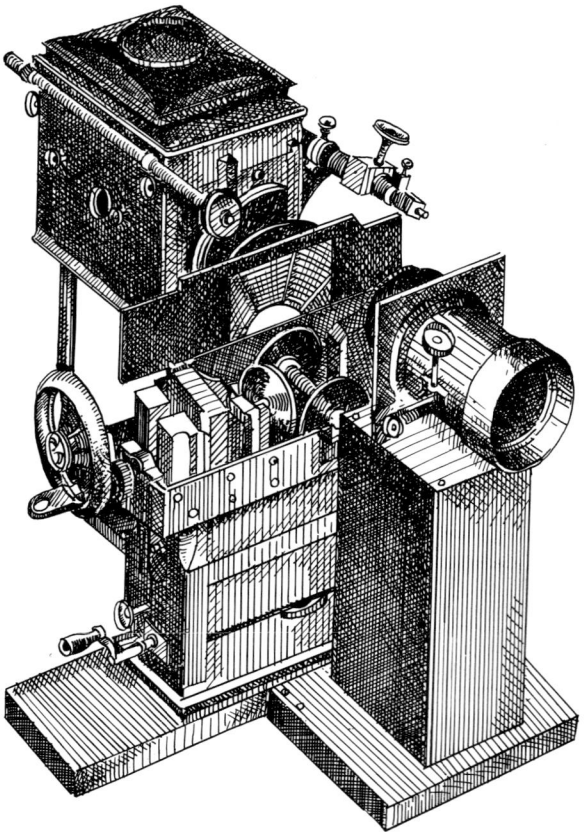

Die ersten ernstzunehmenden Versuche, Phasenbildfolgen in ununterbrochener Folge aufzunehmen, sind von Sutton (1860) und Du Mont (1861) bekannt. Du Mont hat zwölf Fotoplatten auf einem Band befestigt, schrittweise transportiert und mit 1/50 s belichtet. Seine Aufnahmeeinrichtung ist nicht genau bekannt. Es läßt sich aber unschwer vermuten, daß die Bildfrequenz nicht sehr hoch gewesen sein kann.

Der französische Wissenschaftler Ducos du Hauron erhielt am 1. 3. 1864 ein Patent (Nr. 61976), in dem das Prinzip der Phasenbildfotografie mit mehreren Kameras beschrieben ist. Ducos du Hauron hat es nachweislich nicht selbst genutzt; es wurde auch nicht veröffentlicht. Am 3. 12. 1864 beschrieb er in einem Zusatzpatent die Verwendung von Bändern an Stelle der Platten. Die französische Akademie der Wissenschaften hat die Tragweite seiner Erfindungen offensichtlich nicht erkannt und nahm daher von der Veröffentlichung Abstand. Ducos publizierte seine Arbeiten selbst — ohne eine Resonanz. Offensichtlich war Ducos du Hauron seiner Zeit um Jahre voraus. Erst gegen Ende des 19. Jh. wurde die Bedeutung seines Wirkens umfassend gewürdigt. Als »Vater der

Farbfotografie« fand er noch zu Lebzeiten die ihm gebührende Anerkennung, indem sich alle Erfinder und Förderer dieses Gebietes auf seine grundlegenden Gedanken beriefen.

Die Empfindlichkeit der Fotoplatten gestattete um 1870 bereits sehr kurze Belichtungszeiten. Das ermöglichte Muybridge, 1872 einen Auftrag des Gouverneurs von Kalifornien (USA) anzunehmen. Zu diesem Zweck ließ Muybridge eine spezielle Anlage bauen. Vor einer weißen Wand stellte er bis zu 24 einzelne Kameras auf, deren Verschlüsse synchron zu den vorbeigaloppierenden Pferden über Fäden nacheinander ausgelöst wurden. Die Phasenbilder zeigen auch Aufnahmen, bei denen sich das Pferd deutlich mit allen vier Hufen über dem Erdboden befindet. Diese Aufnahmen sollen nach einer Anekdote entscheidend gewesen sein; denn sie sollen angeblich eine Wette entschieden haben, nach der der Gouverneur behauptet hat, daß das Pferd immer mit mindestens einem Huf den Erdboden berührt.

Die Wiedergabe der Phasenbilder — die wegen der geringen Empfindlichkeit der Fotomaterialien nur Schattenrisse zeigten — erfolgte in einem von Muybridge konzipierten Gerät, das

Pierre Jules César Janssen

* 22. 2. 1824 Paris
† 23. 12. 1907 Schloß Meudon bei Paris

Professor der Astronomie. Direktor des astrophysikalischen Observatoriums in Paris. Entwickelte Verfahren zur Beobachtung der Sonnenprotuberanzen außerhalb von Sonnenfinsternissen. Ließ ein Sonnenobservatorium auf dem Montblanc errichten. Entdeckt 1881, daß die Schwärzung der fotografischen Platte vornehmlich bei kleinen Belichtungswerten nicht proportional der Lichtintensität ist (Schwärzungskurve). 1874 Momentaufnahmen zur Darstellung der Venusphasen unter Verwendung eines Malteserkreuzes zur Weiterschaltung der fotografischen Platte. 1880 Entdeckung des Solarisationseffektes bei Arbeiten mit Silberbromidgelatine-Platten. Präsident der Photographischen Gesellschaft in Paris. — Schloß Meudon war Sommersitz der Kaiserin Marie Louise, wurde 1871 zerstört und als Observatorium für Janssen wieder aufgebaut. Dort wurde am 31. 10. 1920 eine Büste von Janssen aufgestellt.

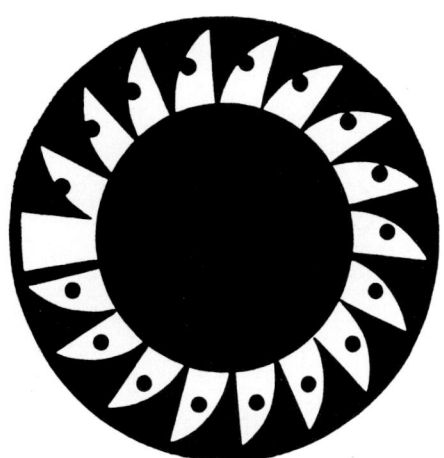

Phasenbildaufnahme
Fotografie der Venusphasen beim Durchgang durch die Sonne am 8. 12. 1874 mit dem fotografischen Revolver von Janssen. Die erste Zeitrafferaufnahme der Welt.

Fotografischer Revolver
Bei dieser Entwicklung von Janssen aus dem Jahre 1874 wurde die fotografische Platte automatisch absatzweise weitergeschaltet.

Jules Etienne Marey

* 5.3.1830 Beaume, Frankreich
† 16.3.1904 Paris

Studium der Medizin in Paris. 1855 Assistenzarzt. Forschungen in Physiologie und Kinematik der Menschen und Tiere. Zu diesem Zweck intensive Beschäftigung mit der Fotografie. 1869 Professur am College de France in Paris. 1872 Mitglied der Medizinischen Akademie. 1876 Mitglied der Französischen Akademie der Wissenschaften. Gründung des Instituts für Physiologie im Prinzenpark in Paris. 1882 Chronophotographie (Phasenbilder auf einer Platte). Im gleichen Jahr Erfindung einer Kamera für Phasenbildaufnahmen — »Fotografische Flinte«. 1888 mit dem an seinem Institut als Präparator beschäftigten Demeny (f.d.) Erfindung des Chronophotographen. 1890 Verwendung von Papier als Emulsionsträger. 1892 Patentierung des Chronophotographen. 1894 Veröffentlichung des Buches »Die Bewegungen«. Darin u.a. Beschreibung der Geschichte der Kinematographie. Vorsitzender der französischen Vereinigung für Photographie. Dadurch Bekanntschaft mit Janssen und Muybridge. 1900 Mitgestalter der fotografischen Abteilung der Weltausstellung in Paris.

er Zoopraxiskop nannte. Es war ein Lebensrad mit Glasbildern, gegenläufiger Schlitzblende und einer Lichtquelle zur Projektion. Die Erstaufführung fand 1887 auf dem Gestüt des Gouverneurs in Kalifornien in Palo Alto statt. Muybridge wurde anschließend zur Publizierung seiner Ergebnisse eine Europareise ermöglicht. Dadurch wurden viele Erfinder zu ähnlichen Versuchen angeregt. Er veröffentlichte seine Ergebnisse in einem elfbändigen Werk; auf 781 Tafeln werden darin mehr als 20 000 Momentaufnahmen gezeigt. Muybridge wird gelegentlich auch als der »Vater der Momentfotografie« bezeichnet.

In Frankreich begannen Janssen und Marey mit kinematographischen Untersuchungen. Janssen benutzte einen »fotografischen Revolver«. Diese Kamera ermöglichte die intermittierende Wei-

terschaltung einer runden Fotoplatte. Für Janssen spielte die Empfindlichkeit der Fotoschicht nicht die entscheidende Rolle. Er benutzte die Kamera zur Aufnahme astronomischer Vorgänge. Überliefert ist die Fotografie des Durchgangs der Venus durch die Sonne. Deshalb ist auch bekannt, daß diese Aufnahmen am 3.12.1874 entstanden sein müssen. Sie sind die ersten Zeitrafferaufnahmen der Welt.

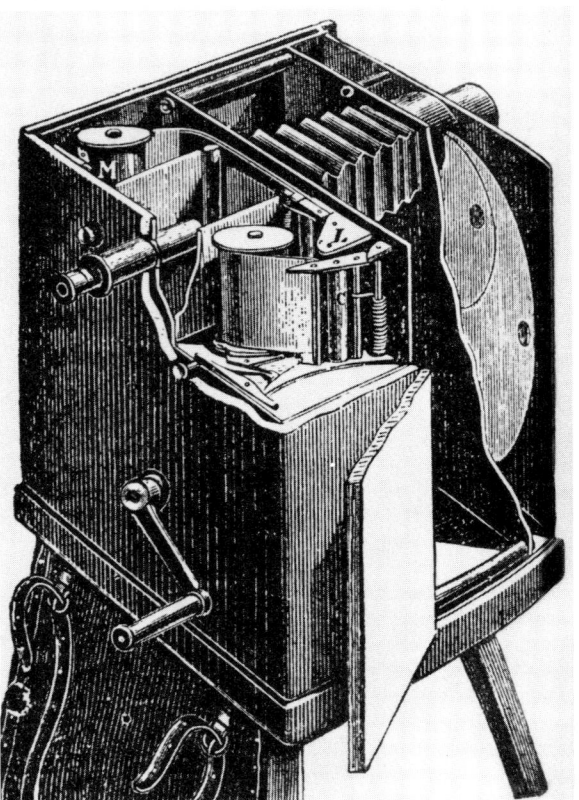

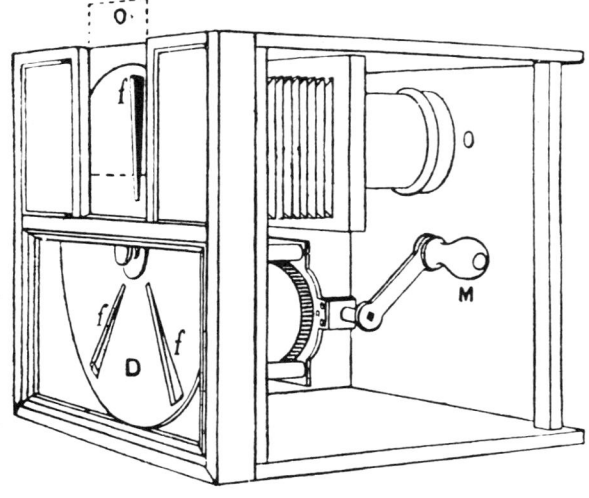

Chronophotograph
Kamera für Mehrfachbelichtung auf feststehender Fotoplatte für Bewegungsstudien von Marey aus dem Jahre 1882.

Chronophotograph
Weiterentwicklung des Chronophotographen aus dem Jahre 1882 mit absatzweise transportiertem Papierfilm (Marey 1888)

Chronophotographie
Zeichnerische Wiedergabe einer Phasenbildaufnahme auf feststehender Fotoplatte mit Hilfe des Chronophotographen von Marey aus dem Jahre 1832

Fotografische Flinte
Phasenbildaufnahmen des Vogelfluges für wissenschaftliche Zwecke mit einer Spezialkamera mit absatzweise weitergedrehter Fotoplatte von Marey aus dem Jahre 1882. Im »Flintenlauf« befindet sich ein Teleobjektiv.

Phasenbilder vom Vogelflug
Fotoplatte aus der fotografischen Flinte

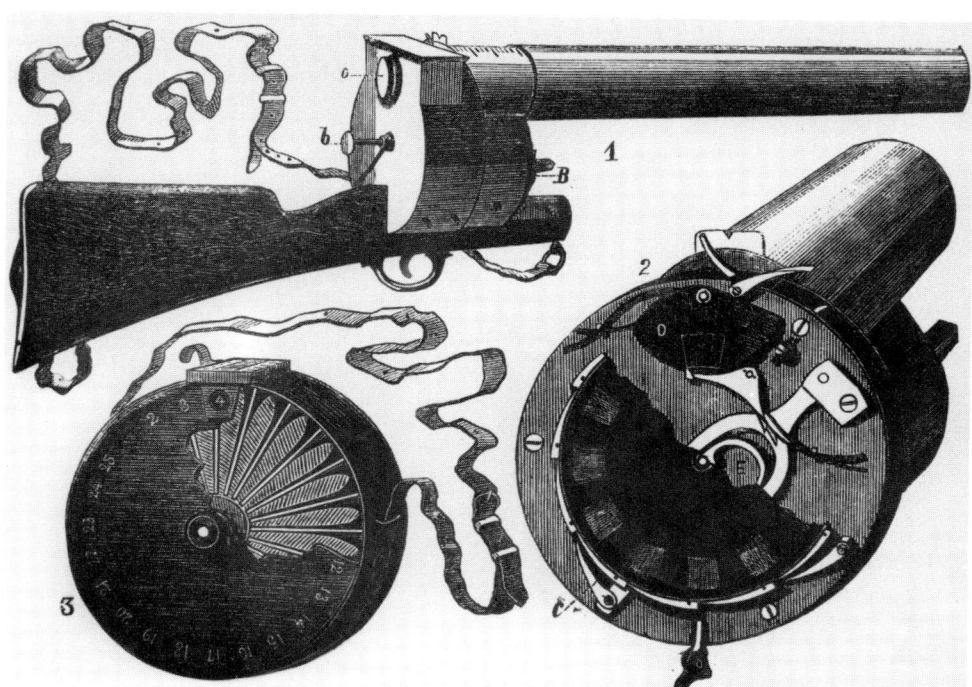

Fotografische Flinte
Ansicht und Innenaufbau

Marey war Mediziner. Sein Spezialgebiet betraf die Physiologie der Bewegungen. Er begann mit sogenannten chronophotographischen Aufnahmen. Diese entstanden durch Mehrfachbelichtung einer Platte, so daß die in gleichen Zeitabständen aufgenommenen Phasen die Bewegungsabläufe gleichzeitig wiedergaben. Mit dieser Art der Bewegungsanalyse nicht zufrieden, ließ er 1882 nach dem Vorbild von Janssen eine Kamera bauen. Wegen des langbrennweitigen Objektivs (Teleobjektiv) sah diese Kamera wie ein Gewehr aus und ist deshalb als »Fotografische Flinte« in die Geschichte eingegangen. Noch heute werden umgangssprachlich »Bilder geschossen«.

Das Interessante an diesem Gerät war die rasche Folge der Phasenbildaufnahmen. Es konnten mit einer Fotoplatte zwölf Aufnahmen in einer Sekunde mit einer Belichtungszeit von 1/700 s exponiert werden. Die Bilder waren nur Schattenrisse. Die Wiedergabe im Lebensrad zeigte die kontinuierliche Bewegung. So entstanden hauptsächlich Studien des Vogelfluges. Später ließ Marey von seinem Präparator und Mechaniker Demeny ein verbessertes Gerät, den Chronophotographen bauen. Es arbeitete mit schrittweise transportiertem Papierband. Dadurch war eine größere Folge von Phasenbildern möglich. Das Prinzip kam unserer heutigen Filmkamera schon recht nahe. Eifrige Anhänger Mareys haben ihn daher als den Erfinder der Kinematographie bezeichnet.

**Elektrischer Schnellseher von
Anschütz**
Elektromechanisches Wiedergabe-
gerät für Phasenbildfolgen zur
Selbstbedienung gegen Münzein-
wurf. In Serie gefertigt von der
Firma Siemens A.G.

In England beschäftigte sich Le Prince mit Be-
wegungsaufnahmen. Er hatte in den USA die
Arbeiten von Muybridge kennengelernt. Seine
Aufnahmeeinrichtung vereinigte mehrere Kameras in einem Gerät. Hinter sechzehn Objektiven und Verschlüssen, die nacheinander ausgelöst werden konnten, bewegten sich zwei
Papierbänder, so daß immer acht Objektive
acht aufeinanderfolgende Bilder aufnahmen,
während das andere Band transportiert wurde.
Die Verschlüsse wurden auf komplizierte Weise
elektrisch ausgelöst. — Die Projektion der so
aufgenommenen Bilder erfolgte mit der gleichen
Einrichtung, indem die Kamera mit sechzehn
synchronisierbaren Lampen ausgerüstet wurde.
Le Prince verließ damit erstmalig das Prinzip
des Lebensrades. Er stellte seine Anlage 1887
öffentlich vor. Wir werden diesem vielseitigen
Erfinder in den folgenden Ausführungen noch-
mals begegnen.
In Deutschland fertigte Anschütz mit kinematographischen Mitteln Bewegungsstudien an. Für
die Aufnahmen benutzte er eine Einrichtung,

Malteserkreuzantrieb
Von Anschütz 1894 verwendeter
Schrittschaltmechanismus zum
wechselseitigen Antrieb von zwei
Phasenbildfolgen für die Großbild-
projektion

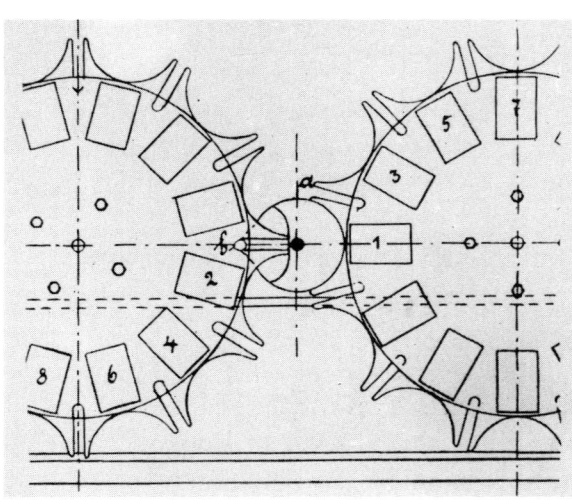

Elektrotachyskop
Von Anschütz im Jahre 1887 entwickeltes Wiedergabegerät für Phasenbildfolgen. Die Bilder wurden
bei kontinuierlicher Bewegung des
Rades von einer Geisslerschen
Röhre blitzartig durchleuchtet. Die
wenige Sekunden langen Bewegungen wiederholen sich ständig.

wie sie von Muybridge bekannt war. Allerdings
waren die Fotoplatten wesentlich besser, so daß
die Bilder auch heutigen Qualitätsansprüchen
entsprechen. In den Kameras verwendete Anschütz erstmalig Schlitzverschlüsse. Sein Haupt-
verdienst war die Erfindung eines neuen Wie-
dergabegerätes. 1887 baute er ein großes

Lebensrad, in dem die Glasbilder genau justiert wurden. Bei kontinuierlicher Bewegung des Rades wurden die Aufnahmen von einer Geisslerschen Röhre kurzzeitig durchleuchtet. Sie waren auf diese Weise für mehrere Zuschauer gleichzeitig sichtbar. Die Funktionsweise und die Wiedergabequalität dieses Elektro-Tachyskopes erregte auf der Weltausstellung in Chicago 1893 großes Aufsehen.

Einen weiteren entscheidenden Schritt ging Anschütz mit einer Verbesserung dieser Wiedergabeanlage. Er benutzte zwei Bildkränze, die durch ein Malteserkreuz abwechselnd intermittierend transportiert und in der Stillstandsphase von einer elektrischen Bogenlampe (110 V, 40 A) durchleuchtet wurden. Damit erreichte er eine Bildfrequenz von sechzehn Bildern in der Sekunde, die mindestens erforderlich ist, um eine kontinuierliche Bewegung projizieren zu können. Die Bildwand hatte eine Größe von 6 m × 8 m (!). Die ersten Vorführungen fanden am 25., 29. und 30. 11. 1894 im Hörsaal des Berliner Postgebäudes statt. Die Szenen waren jeweils eine Sekunde lang und konnten beliebig oft wiederholt werden. In einer Vorführung wurden vierzig Szenen gezeigt. Dies war die erste öffentliche »Film«-Vorführung in Deutschland, für die ein Eintrittsgeld von 1,— bis 1,50 Reichsmark erhoben wurde. —

Ein Jahr danach fanden die ersten Vorstellungen statt, bei denen Filmmaterial an Stelle der Glasbilder verwendet wurde. Anschütz hat damit — trotz wiederholten Drängens seiner Freunde — nicht mehr gearbeitet. Er glaubte nicht daran, daß auf Film die Bildqualität erreicht werden könnte wie mit Glasplatten.

Zwischen 1860 und etwa 1890 entstand so eine Vielzahl unterschiedlicher Kameras. Sie entsprachen folgenden Prinzipien:

— Mehrere Kameras, die nacheinander ausgelöst wurden.

— Eine Kamera mit absatzweise transportierter und nacheinander belichteter Fotoplatte.

— Mehrere Kameras in einem Gehäuse mit absatzweise transportierten und belichteten Fotoplatten, Papierstreifen oder Filmen.

Ottomar Anschütz

* 16.5.1846 Lissa bei Posen
† 30.5.1907 Berlin

Die Familie Anschütz stammt aus Wismar. 1868 Übernahme des Geschäfts für Fotografie vom Vater in Breslau. Erste Momentaufnahmen von Tieren im Zoo von Breslau. Flugaufnahmen von Otto von Lilienthal. Geschoßfotografien auf dem Schießplatz von Krupp in Essen. 1868 erste Phasenbildaufnahmen zur Erforschung des Verhaltens von Pferd und Reiter im Auftrag des Kriegsministeriums. Verbesserung des Schlitzverschlusses (DRP 49919). 1887 Veröffentlichung des Buches »Augenblicksphotographie« und 1890 des dreibändigen Werkes »Die Photographie im Hause«. 25.11.1894 erste Großbildprojektion im Hörsaal des Berliner Postgebäudes – Ecke Oranienburger Straße. 1898 Aufnahmen auf einer Reise von Wilhelm II. nach Palästina, die auf einer Kunstausstellung in Berlin großes Aufsehen erregten.

Louis Aimé Augustine le Prince

* 28.8.1842 Metz, Frankreich
† 16.9.1890 letztmalig gesehen worden beim Besteigen des Zuges Dijon—Paris.

Vater war eng mit Daguerre (f.d.) befreundet, von dem der Sohn Anregungen erhielt. Gymnasium in Paris. Studium der Physik und Chemie in Leipzig. Bekanntschaft mit John R. Withley in der Malschule von Bellense in Paris. 1866 mit Withley nach Leeds (England). Dort als Entwerfer in einer Messinggießerei tätig. Nebenberuflich Kunstmaler. Heiratet 1869 W. Schuster. Eröffnen gemeinsam eine Schule für angewandte Kunst. 1870/71 Kriegsteilnahme. Angeregt durch Muybridge (f.d.) Anfertigung erster Momentfotografien. 1881 mit Withley in den USA. 2.11.1886 Patent Nr. 376347 auf einen »Apparat zur Erzeugung lebender Bilder«. 1887 wieder in Leeds. 1888 englisches Patent auf eine einäugige Filmkamera für 20 Bilder in der Sekunde; darin Beschreibung der Perforation. Erste Filmaufnahmen auf der Brücke in Leeds. 3.3.1890 Vorführung seiner Apparate in der Pariser Oper. August 1890 Vorsprache mit seinen Geräten im Patentamt in Paris. Danach Privatbesuch beim Bruder in Dijon. 16.9.1890 Fahrt von Dijon nach Paris. Angeblich in Paris nicht eingetroffen. Sämtliche Geräte und Unterlagen bleiben verschollen. — 1931 Enthüllung einer Gedenktafel an seiner Arbeitsstätte am Haus 160 in der Woodhouse Lane in Leeds für den »Erfinder der Kinematographie«.

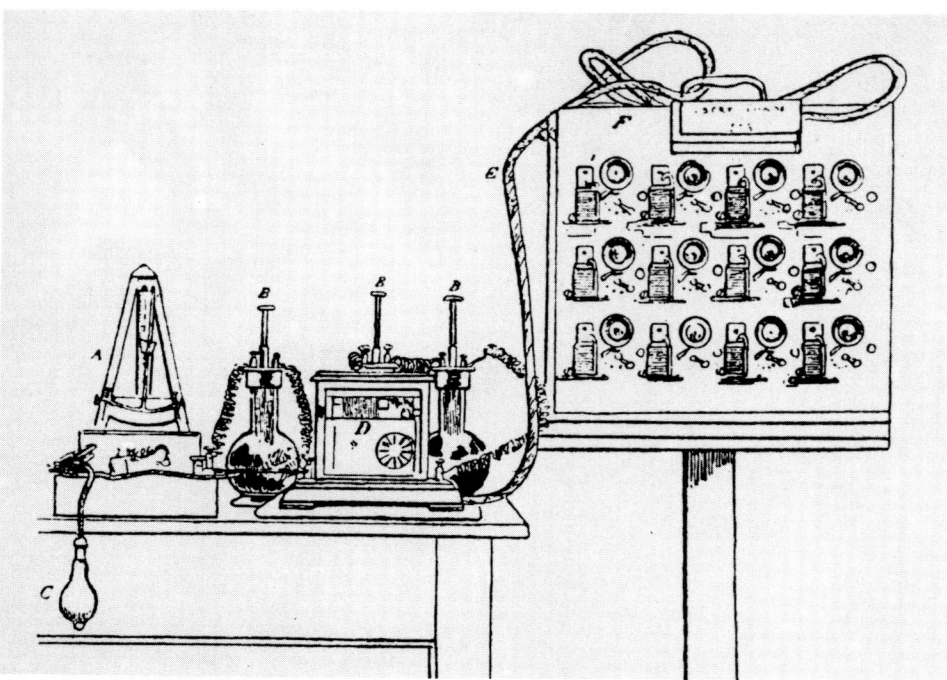

Mehrfachkamera von Le Prince 1887
Zeitgenössische Darstellung der Aufnahmeeinrichtung. Die Darstellung ist ungenau: Le Prince verwendete nachweislich 2 mal 8 Objektive.

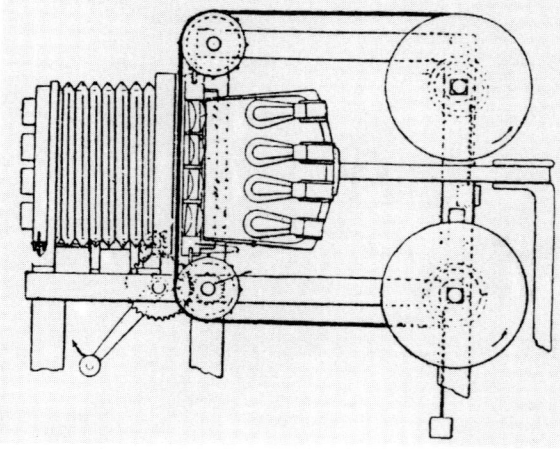

Filmprojektor von Le Prince 1887
Filmwiedergabegerät (Projektor) mit zwei Filmbändern und 2 mal 8 Objektiven, die von 16 Glühlampen synchronisiert durchleuchtet wurden (Umkehrung des Kameraprinzips oben). Dies ist der erste praktisch eingesetzte Filmprojektor mit dem öffentlich Filme vorgeführt wurden.

— Einäugige Kameras mit absatzweise transportiertem Papierstreifen oder Film.

Die Reihenfolge entspricht nicht genau der zeitlichen Aufeinanderfolge der Erfindungen. Sie zeigt nur die technischen Entwicklungsstufen.

Die Wiedergabe der Phasenbilder erfolgte entweder nach dem Prinzip des Lebensrades oder durch Umkehrung der Aufnahmeeinrichtung; die Kamera wurde — mit einer Lichtquelle versehen — zum Projektor.

Eines haben alle Verfahren aus dieser Zeit gemeinsam: Sie dienten ausschließlich wissenschaftlichen Untersuchungen, und die mit ihnen hergestellten Phasenbildfolgen konnten wegen der geringen Lichtausbeute der Wiedergabeeinrichtungen in der Regel nur einer kleinen Personengruppe vorgeführt werden. Die Geräte waren teuer. Die bekannt gewordenen Erfinder und Förderer der Kinematographie waren in der Mehrzahl gut situierte oder öffentlich geförderte Persönlichkeiten. — Die vorgeführten »Takes« dauerten nur Sekunden und wiederholten sich dann ständig. Es passierte nicht viel. Ein fliegender Vogel oder ein galoppierendes Pferd waren an sich noch keine aufregende Angelegenheit. Sensationell war für das Publikum allein die Tatsache, daß sich überhaupt etwas bewegte. Damals interessierte man sich bei den öffentlichen Vorführungen fast ausschließlich dafür, *wie* das technisch möglich war. Das änderte sich sofort, als die Szenen länger wurden. Nun fand das, *was* gezeigt wurde, das Interesse des Publikums.

Damit begann die Zeit, die den technischen Vorgang in den Hintergrund drängte. Heute ist mitunter nicht einmal mehr der Künstler, der mit der Filmtechnik seine Filme herstellt, an ihrer Funktionsweise interessiert.

Mit den Arbeiten und Vorführungen von Anschütz war die Zeit der Kinematographie auf Glasplatten beendet. Bereits 1887 war eine entscheidende Veränderung eingetreten.

Sie wurde eingeleitet durch ...

Die Erfindung des Films

Film · Kamera · Projektor

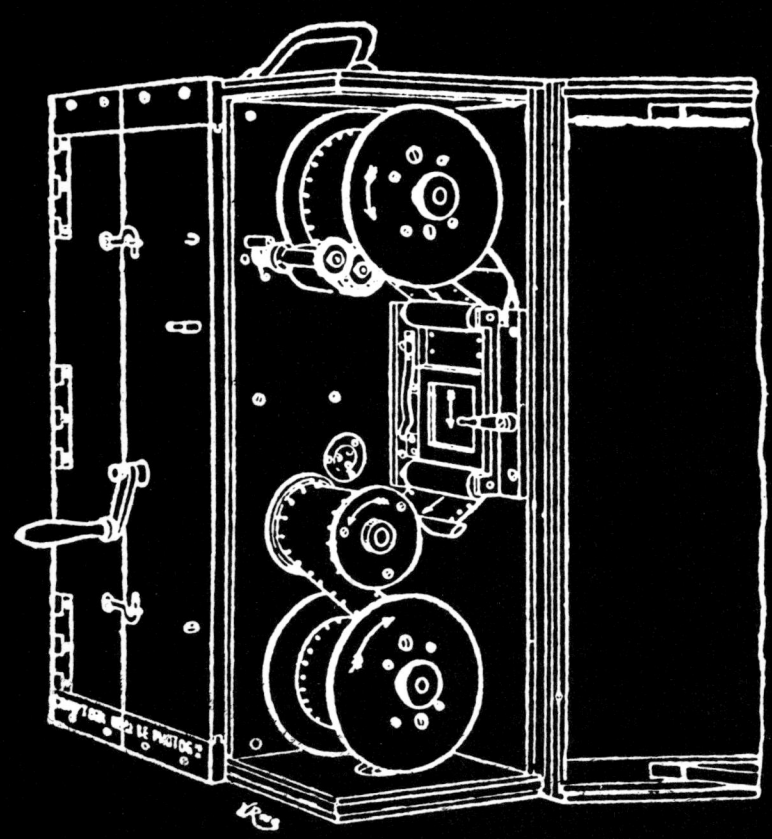

Hannibal Goodwin

* 21.4.1822 Newark, USA
† 31.12.1900 Newark, USA

Studium der Theologie. Methodistischer Pfarrer in Newark. In der Freizeit Beschäftigung mit Fotografie. Erfindung des aufrollbaren, klaren Zelluloidfilms als Träger für die fotografische Schicht. Patentanmeldung 2.5.1887. Bestätigung des Patentes wegen Entgegenhaltungen von Eastman (s.d.) erst nach mehrjährigem Patentstreit am 13.9.1898 (Nr.610861). Eigene finanzielle Mittel in diesem Streit verbraucht. Rechte an The Goodwin Film and Camera Company die spätere Ansco-Products-Company Inc. verkauft. Erst nach seinem Tode endgültige Gerichtsentscheidung zu Gunsten seines Patentes; Zahlungen von Eastman an die Ansco-Products-Company Inc. von mehreren Millionen Dollar. Durch steigende Ansco-Aktien gesichertes Einkommen der Erben von Goodwin.

Projektor für Glasplatten
Die Diapositive drehen sich um die Lichtquelle. Das von Rudge 1875 entwickelte und gebaute Gerät enthält bereits alle Elemente heutiger Projektoren (Schrittschaltwerk und Flügelblende).

1887 wurde in den USA der Zelluloidfilm erfunden. Er löste die Glasplatte ab. Die eigentliche Filmtechnik entstand danach in wenigen Jahren. Nahezu gleichzeitig wurden in allen Ländern Westeuropas und der USA Filmkameras und Projektoren erfunden. Diese plötzliche Aktivität hatte auch gesellschaftliche Hintergründe. Wir befinden uns in der Zeit des beginnenden Imperialismus.

Die Zeit der Erfinder und Einzelpersönlichkeiten, die selbständig ihre Erfindungen kommerziell nutzten, ging zu Ende. Sie unterlagen nach 1900 den großen Unternehmen oder waren genötigt, sich diesen anzuschließen.

Film

In Rochester (USA) hatte Eastman 1879 eine Fabrik für Trockenplatten gegründet. Durch die starke Konkurrenz war das anfänglich gut gehende Geschäft trotz intensiver Bemühungen um die Verbesserung der Qualität der Produkte in ernsthafte Gefahr geraten. Eastman mußte nach ganz neuen Wegen suchen. Er fand die Rettung seines Unternehmens in der Einführung des Rollfilms. Es kam zur Entwicklung des sogenannten Stripping-Films.

Bei diesem Film war das Papier nur vorübergehend Schichtträger. Nach der Belichtung wurde die Emulsion vom Papier abgezogen. Ähnlich verfuhr man ja nach dem Vorschlag von Archer bereits bei Glasplatten. Gestützt auf die 1888 konstruierte billige Kodak-Kamera, eine Box, in der der Stripping-Film verwendet werden konnte, und unterstützt durch eine raffinierte, weltweite Reklame mit dem frei erfundenen Firmennamen Kodak, entwickelte sich das Unternehmen sprunghaft.

Gemeinsam mit anderen Aktionären gründete Eastman die Eastman-Dry-Plate-and-Film-Company, aus der sich die heutige Eastman-Kodak-Company entwickelte.

Den Stripping-Film ersetzte Eastman wenig später gemeinsam mit dem bei ihm beschäftigten Chemiker Reichenbach durch einen durchsichtigen Film, der aus einem Gemisch von Kollodium und Amylacetat bestand. Reichenbach erhielt darauf am 22.3.1892 ein Patent.

Zu diesem Zeitpunkt wurde das Unternehmen in einen für damalige Verhältnisse typischen Patentstreit verwickelt. Der Referendar (methodistischer Pfarrer) Goodwin machte seine Prioritätsansprüche auf eine Patentanmeldung vom 2.5.1887 geltend. Er hatte auf der Basis von Nitrocellulose ein Verfahren zur Herstellung von Zelluloidfilm entwickelt. Elf Jahre dauerte dieser Patentstreit. Goodwin wurde dadurch finanziell ruiniert. Das war mit Sicherheit die Absicht der Gegenseite. Als das Patent 1898 endlich anerkannt wurde, mußte Goodwin seine Rechte an die mit ihm geschäftlich verbundene Ansco-Photoproducts-Inc. verkaufen, um seinen weiteren Lebensunterhalt sichern zu können.

Die Eastman-Kodak-Company dachte jedoch nicht daran, die fälligen Lizenzgebühren zu bezahlen. Aus diesem Grund mußte die Ansco-Photoproducts-Inc. den Streit weiterführen. 1914 (!) wurde Eastman durch Gerichtsbeschluß endlich zur Zahlung verpflichtet. Es soll sich um mehrere Millionen Dollar gehandelt haben! Goodwin selber hatte davon keinen Nutzen mehr — er starb 1900.

Dieser Streit ist in der Patentgeschichte wegen seiner Länge und der zur Verhandlung stehenden Summe selten und deswegen berühmt ge-

worden. In seiner Art ist er typisch für die damaligen Verhältnisse und den Kampf eines Einzelnen gegen ein Unternehmen.

Für die Geschichte der Filmtechnik war entscheidend, daß 1889 der Film »auf den Markt« kam. Er löste in rascher Folge Entwicklungen aus, die innerhalb von sechs Jahren zu der heute noch gebräuchlichen Filmtechnik führten. Aus technischer Sicht geschah in diesen Jahren nichts Sensationelles. Das Ergebnis läßt sich in einem Satz zusammenfassen:

Durch die Einführung des Films und die Entwicklung von Mechanismen für den einwandfreien Transport bei Aufnahme und Wiedergabe wurden die Mittel für die Vorführung zeitlich nahezu unbegrenzter Filmlängen geschaffen; das vollzog sich auf der Grundlage bekannter Prinzipe.

Kamera und Projektor

Damals wie heute konnten die notwendigen Belichtungszeiten bei ausreichendem Bildstand nur mit diskontinuierlichem Filmtransport erreicht werden. Es war bekannt, daß mindestens sechzehn Bilder in der Sekunde aufgenommen werden mußten, um die Bewegungsillusion zu erreichen. In den Laboratorien von Edison ergaben systematische Untersuchungen, daß mindestens fünfzig Bilder pro Sekunde vorgeführt werden müssen, um auch das lästige Bildflackern verhindern zu können. Der von Plateau nachgewiesene stroboskopische Effekt, der zur Verschmelzung der Phasen zu Bewegungen führt, setzt bereits bei 16 B/s ein. Das durch die Lichtunterbrechung entstehende Bildflackern wird aber erst bei 50 B/s nicht mehr wahrgenommen.

Das Ziel aller Erfinder bestand daher in der Suche nach Mechanismen, die diesen Anforderungen gerecht wurden, und sich nach Möglichkeit auch für die Wiedergabe und Kopierung eigneten.

Kurz vor 1890 war in Zusammenarbeit mit Demeny bei Marey ein Chronophotograph entwik-

Georges Demeny

* 1850
† 1917

Präparator im Institut von Marey (s. d.) in Paris. 1891 Vorführung der ersten Phasenbilder Mareys mit dem von ihm gebauten Phonoskop. 1.9.1892 Patente für das Phonoskop in England (Nr. 15709). Erfinder des Schlägermechanismus für den Filmtransport in Filmkamera und Projektor (patentiert am 10.10.1893 unter Nr. 233337). 27.7.1894 Vorstellung des Chronotographen, der erst nach den Vorführungen der Brüder Lumière (s. d.) 1895 gebaut wurde; sollte der Sprecherziehung taubstummer Menschen dienen. Ab 1896 Fertigung des Chronotographen bei Gaumont. 1897 mit 35-mm-Film eine Filmlänge von 30 m. Mehrjährige Prioritäts- und Patentstreitigkeiten mit Marey, den Brüdern Lumière und Gaumont.

George Eastman

* 12.7.1854 Waterville, New York, USA
† 12.3.1932 Rochester, USA durch Freitod

Zieht mit der Familie 1860 nach Rochester. Der Vater übernimmt die Leitung der dortigen Handelsschule; er stirbt 1861. Verläßt 1868 – 14jährig – vorzeitig die Schule, um zum Unterhalt der Familie beizutragen. Arbeiten in Versicherungsbüro und Bank. In der Freizeit Beschäftigung mit Fotografie und Herstellung von Silberbromidgelatine-Platten. 1879 Gründung einer Plattenfabrik. Entwicklung von Gießmaschinen für die Großproduktion. 1884 Einführung des Rollfilms (»Stripping-Film«). Zur Kassettenherstellung Verbindung mit Walker. Gründung der Eastman-Dry-Plate & Film Company of Rochester mit Kent, Strong und Walker. 1888 Rechtsschutz auf frei erfundene Firmenbezeichnung Kodak. 1889 Entwicklung einer Filmkamera im Auftrag von Edison (s. d.). 1898 Beginn eines elfjährigen Patentstreites mit Goodwin (s. d.) wegen der Urheberrechte am Zelluloid-Film. 1924 Einführung des 16-mm-Films. 1927 Fusion mit Pathé nach längerem Patentstreit. 1931 8-mm-Schmalfilm mit der zugehörigen Schmalfilmkamera.

William Edward Friese-Green

* 7.9.1855 Briſtol, England
† 5.5.1921 London

Beſuch der Blue Coat School in Cleften. Examen in Cambridge. Lehre in Briſtol bei Fotograf Maurice Guttenberg. Heiratet 1874 Victoria Mariana Helene Frieſe; Tochter eines Schweizer Architekten. Über= nimmt deren Familiennamen. Grün= det mit ſeiner Frau eigenes Fotogra= fengeſchäft in London. 21.6.1889 mit Evans Patent auf eine Filmkamera; Bildformat 100 mm × 75 mm. 25.2.1890 Patent Nr.22954 auf einen »Vorführungs=Kinematogra= phen« (Patent erteilt 1893). 1910 Patent auf additive Dreifarbenka= mera. Schlechte kaufmänniſche Fähig= keiten. Haftſtrafe wegen Verſchuldung nach einem Bankzuſammenbruch. Ent= wickelt viele Ideen, von denen keine zu ſeinen Lebzeiten realiſiert wird, darun= ter ſtereoſkopiſcher Film, Ballon=Auf= nahmen, Farbfilm, Vervielfältigungs= verfahren u.a.

Kamera von Friese-Green
Die Kameras waren noch sehr unförmig. Das zweite Objektiv diente als Sucher. Die Kurbel-umdrehungen bestimmten die Bildfrequenz.

kelt worden. Der absatzweise Transport des un-perforierten Papierfilms durch periodisches Festklemmen ergab einen sehr unbefriedigen-den Bildstand. Die Wiedergabe bereitete erheb-liche Schwierigkeiten. Demeny entwickelte in ei-gener Regie dieses Gerät weiter. Weil er Marey an seinen Erfindungen nicht beteiligen wollte, kam es zur Trennung. Demeny wurde kurzer-hand entlassen. Er meldete »seinen« Chrono-photograph daraufhin selbständig zum Patent an, das 1893 erteilt wurde. In diesem Gerät transportierte ein exzentrischer Antrieb der Auf-wickelrolle den Film periodisch. Dadurch ent-standen wegen des ständig wachsenden Rollen-durchmessers ungleich große Bilder. Demeny beseitigte diesen Nachteil später durch die Nut-zung der Perforation des Films und die Verwen-dung eines »Schlägers«. Mit diesem Antrieb fertigte die Firma Gaumont den »Chronos« als Kamera und war damit einige Jahre konkur-renzfähig.

Vor der Erfindung des Schlägers durch De-meny, aber etwa zur gleichen Zeit, beschäftigte sich Evans in England mit diesem Problem. Er entwickelte gemeinsam mit Friese-Green einen Film-Transportmechanismus. Friese-Green war durch Rudge dazu animiert worden und setzte nach dessen Tod die Arbeiten fort. Rudge hatte bereits 1875 einen Projektor erfunden, der alle wesentlichen Merkmale heutiger Projektoren enthielt. Kurz nach dem Tod von Rudge kam es zur Zusammenarbeit mit Evans. Die Filmka-mera, die am 21.6.1889 patentiert wurde, war der von Demeny sehr ähnlich. Es wurde unper-forierter Zelluloidfilm verwendet. Die Wieder-gabe wurde — wie damals meistens üblich — unter Verwendung einer Lichtquelle mit dem gleichen Gerät realisiert. 1890 stellten Evans und Friese-Green ihre Apparatur der Photogra-phischen Gesellschaft in Chester vor.

Den ersten Hinweis auf die Verwendung von perforiertem Film erhalten wir aus dem bereits erwähnten Patent von Le Prince. Es heißt dort:

»Ich kann die Bänder perforieren und dann das Filmband durchlaufen lassen mit Hilfe von

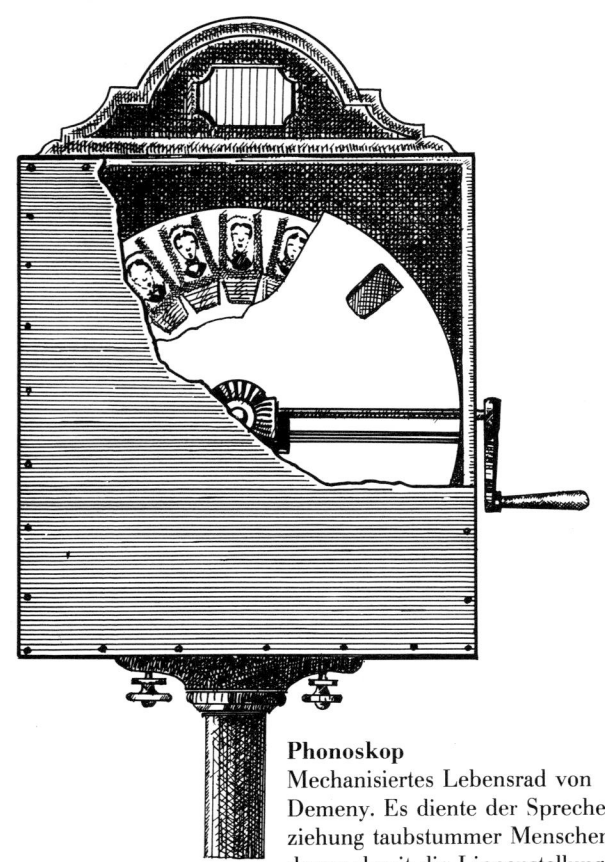

Phonoskop
Mechanisiertes Lebensrad von Demeny. Es diente der Sprecher-ziehung taubstummer Menschen, denen damit die Lippenstellungen in ständiger Wiederholung vorge-führt wurden.

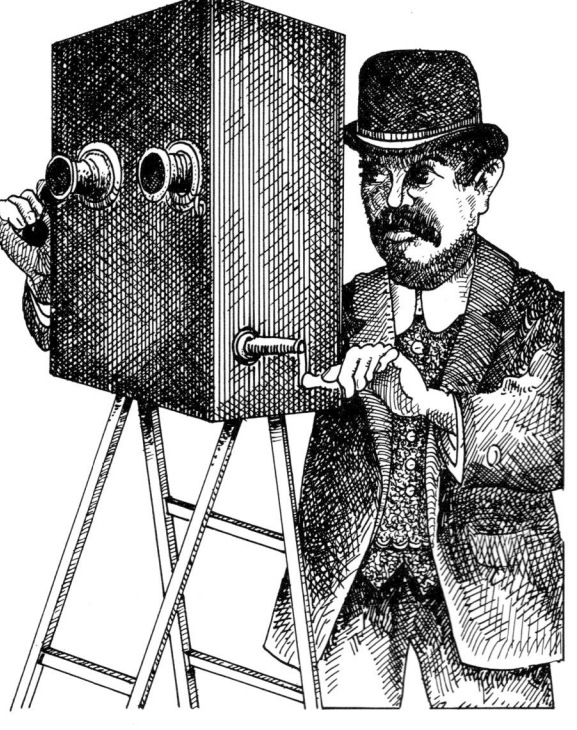

Zahntrommeln, deren Zähne in die Löcher eingreifen.«

Le Prince baute nach diesem Prinzip auch eine Filmkamera, meldete sie aber nicht zum Patent an. Aus Nachforschungen von Liesegang geht hervor, daß er für den Projektor das Malteserkreuz verwendet haben soll, das bereits Janssen in seinem fotografischen Revolver eingesetzt hatte.

1890 begibt sich Le Prince auf eine Reise nach Frankreich. Er wollte seine Erfindung vor dem Patentamt in Paris vorstellen. Es kam noch zu einer Vorführung in der Pariser Oper. Danach besuchte er seinen Bruder in Dijon, bestieg am 16. 9. 1890 den Zug nach Paris und ist seitdem mit seinen sämtlichen Unterlagen und Geräten spurlos verschwunden. Der »Fall« ist bis heute nicht aufgeklärt. Lange Zeit waren wenige Bilder aus Filmen, die Le Prince 1888 in England aufgenommen hatte, die einzigen Beweisstücke seiner Tätigkeit.

1889 erschien ein Mann auf der Pariser Weltausstellung, der wie kein anderer Erfindung und kommerzielle Verwendung miteinander zu verbinden wußte — Thomas Alva Edison. Auf der Weltausstellung besuchte er auch Marey und machte sich eingehend mit dessen Arbeiten vertraut. Er selber beschäftigte sich seit kurzem ziemlich erfolglos mit der Kinematographie, um seinen Phonographen noch besser »ins Geschäft zu bringen«.

Edison verfolgte zunächst eine Lösung, die dem Prinzip des Phonographen entsprach: Die Walze des Phonographen wurde durch einen Glaszylinder ersetzt, auf dem Mikrofotografien montiert waren, die durch eine Geisslersche Röhre kurzzeitig erhellt wurden. Über eine starke Vergrößerung konnten die Bilder betrachtet werden. Es ist einleuchtend, daß die damaligen Fotomaterialien nicht genügend Auflösungsvermögen hatten, um eine ausreichende Qualität zu erreichen.

Der Besuch bei Marey brachte Edison nun auf den Gedanken, eine Filmkamera zu bauen. Er gab sie bei Eastman in Auftrag, von dem er auch am 9. 9. 1889 den ersten Film erhalten

hatte. Das Filmstück war 50 Fuß lang und 1 Zoll breit. Die Filmkamera soll nach Hopwood der von Marey sehr ähnlich gewesen sein. Der mit Patentanmeldungen sonst nicht kleinliche Edison veröffentlichte weder das Prinzip noch das Patent. Es ist zu vermuten, daß die erreichten Ergebnisse nicht sehr zufriedenstellend waren. Edison mußte also, um gegen die europäische Konkurrenz aufkommen zu können, fast um jeden Preis nach einer anderen Lösung suchen.

Kinetoskop
Betrachtungsgerät für Filmschleifen von Edison um 1891. Die Betrachtung war immer nur für eine Person möglich. Diese Geräte haben zahlreiche Erfinder zu weiteren Entwicklungen angeregt.

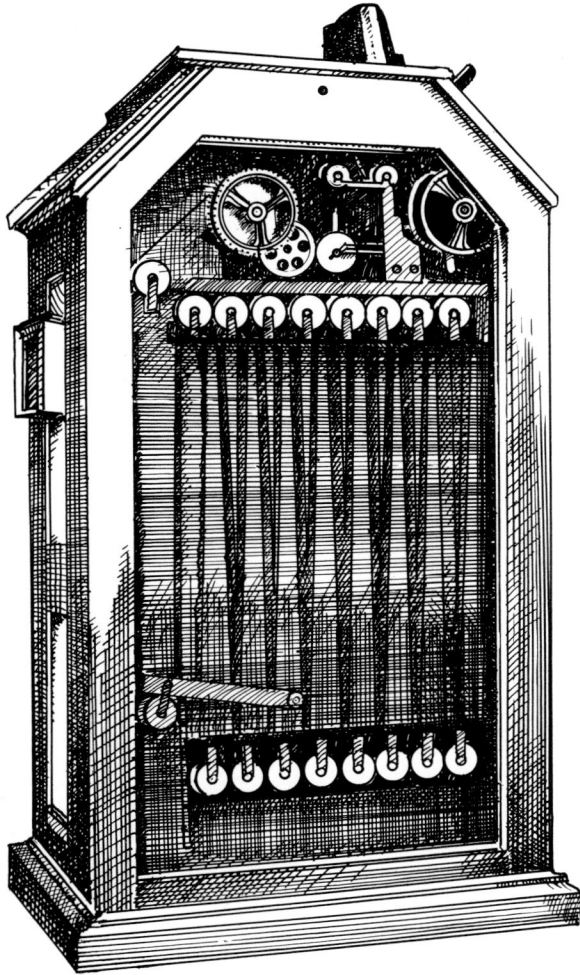

Thomas Alva Edison
* 11.2.1847 Milan, Ohio, USA
† 10.10.1931 Westorange, USA

Holländischer Abstammung. Nach drei Monaten Schulzeit wegen »geistiger Unzulänglichkeit« entlassen. Weiterer Unterricht durch seine Mutter. 1854 Umzug nach Port Huron, Michigan. Vater dort als Getreidehändler tätig. Eigenes Labor im Keller des Hauses. Geld für Experimente als Zeitungsjunge verdient. Autodidakt in Naturwissenschaften. Beherrscht sechs Sprachen. 1862—1868 Telegrafist. Mit achtzehn Jahren fast taub! 1868 1. Patent auf elektrischen Stimmenzähler für das amerikanische Parlament. 1870 nach Newark, N.Y. Eröffnung eines elektrotechnischen Betriebes. Später Verkauf dieses Geschäftes und der ersten Erfindungen, um 1876 in Menlo-Park, N.Y. ein Laboratorium zu gründen. Erfindung des Phonographen 1878, des Megaphons, der Glühlampe und eines Phonometers (Lautstärkemesser). 1882 Gründung eines Elektrizitätswerkes. 1884 Tod seiner ersten Frau. 1886 wieder verheiratet. 1889 mit Dickson Erfindung des Kinetographen mit 35-mm-Film. 1892 Erfindung des Kinetoskops (Patent Nr. 493426 vom 14.3.1893). 1905 Entwicklung des industriereifen Nickel-Eisen-Akkumulators. 1909 Vorstellung eines neuartigen Betongußverfahrens. Ab 1917 Arbeiten zur U-Boot-Entwicklung. Erhält bereits zu Lebzeiten (1925) ein Denkmal. Hinterläßt etwa 900 erteilte Patente.

Auguste und Louis Lumière

Auguste * 20. 10. 1862 Besançon,
Frankreich
† 10. 4. 1954
Louis * 5. 5. 1864 Besançon,
Frankreich
† 6. 6. 1948

Vater Antoine Lumière Besitzer eines
Fotoateliers. Siedelt 1871 nach
Lyon um und gründet am Place
Bellcour ein Fotofachgeschäft. 1882
Gründung der Firma »A. Lumière et
fils« zur Herstellung von Fotoplat-
ten. Durch fotochemische Arbeiten von
Louis Steigerung der Empfindlichkeit
der Platten; daraufhin starker Anstieg
der Produktion – 1885
1 320 000 Stück. Mit Kenntnis der
Arbeiten von Muybridge, Janssen,
Marey, Demeny und Edison (f.d.)
Erfindung des Cinématographen ge-
meinsam mit dem Chefmechaniker der
Firma – Moisson. 13.2.1895 fran-
zösisches Patent Nr. 245032. Erste
öffentliche Vorführung am
28.12.1895. 1900 Entdeckung des
»Metholchinon« als Entwickler für
fotografische Materialien. 1903
Erfindung der Autochromplatte. 1920
Louis Mitglied der Pariser Akademie
der Wissenschaften, Auguste Mitglied
der Medizinischen Akademie der
Wissenschaften. 1935 Erfindung der
Stereo-Kinematographie auf der
Grundlage des Anaglyphenverfah-
rens. Gelten heute allgemein als die
Erfinder der Kinematographie.

Cinématographe
Mechanismus der ersten Greifer-
werk-Filmkamera aus dem Jahre
1895

In diesem Zusammenhang ist es interessant, ei-
nige belegte Tatsachen nebeneinanderzustel-
len:
– Le Prince wird am 16. 9. 1890 zum letzten
Mal gesehen.
– Edison arbeitet ab Dezember 1890 mit allen
Mitarbeitern intensiv an einer neuen Lösung
dieses Problems.
– Le Prince verwendet (kannte zumindestens)
das Malteserkreuz.
– Edison benutzt es in seiner Kamera, die
nicht patentiert wurde, denn das Patent bezieht
sich auf die erste Ausführung.
– Le Prince schlug 1888 die Perforation
vor.
– Edison verwendete sie in den USA als erster.
– Le Prince war bereits 1881 für einige Zeit in
den USA und kehrte mit seinen Ideen nach
England zurück.
– Nach dem Tod von Le Prince tauchen – zu
einem nicht bekannten Zeitpunkt – Teile seiner
Geräte u. a. seine Filmkamera in Leeds (England) wieder auf. Le Prince ist also keinesfalls
umgekommen.
Es ist durchaus denkbar, daß sich Le Prince in
die USA begab, weil er dort bessere Aussichten
vermutete, seine Erfindung zu nutzen. In England war durch Friese-Green und in Frankreich
durch Demeny und andere die Konkurrenz sehr
groß.
Anfang Dezember 1890 erhielt Edison von
Friese-Green aus London einen Brief, in dem
ihm dieser mitteilt, daß er bereits 1889 bewegte
Bilder auf Zelluloidstreifen angefertigt habe.
Statt einer Antwort beschleunigt Edison die Arbeit und die Patentanmeldungen. Am
24.8.1891 liegen zwei Patene vor – Nr. 589168
für den Kinetographen (Filmkamera) und
Nr. 493426 für das Kinetoskop (Wiedergabegerät). Um das erstgenannte Patent entstand mit
Friese-Green ein heftiger Streit. Trotz des von
Edison gegen Friese-Green gegründeten Motion
Trust of America blieb Friese-Green erfolgreich.
Edison teilte das strittige Patent in drei Patente
und unterließ die Anmeldung aller Patente –

auch das des Kinetoskop-Patents – in England.
Jedenfalls verdanken wir Edison die Einführung des 35-mm-Films mit vier Perforationslöchern pro Bild, der heute noch als Normalformat professionell genutzt wird.
Das Kinetoskop ist technisch gesehen ein Lebensrad, bei dem die Scheibe mit den Phasenbildern durch die Filmschleife ersetzt worden
ist. Der Film wurde kontinuierlich bewegt und
von einer Glühlampe (Edison-Erfindung)
durchleuchtet. Eine synchron mit der Filmbewegung rotierende Schlitzscheibe diente als
Verschluß.
Das Kinetoskop wurde in großen Stückzahlen
gebaut. Es war immer nur einer Person zugän-
gig und erfreute sich großer Beliebtheit. Kurz
nach seiner Einführung am 20.2.1892 wurde es
auch in Europa bekannt. Der englische Mechaniker Paul – von ihm wird noch mehrfach die
Rede sein – baute es nach. Das war ohne

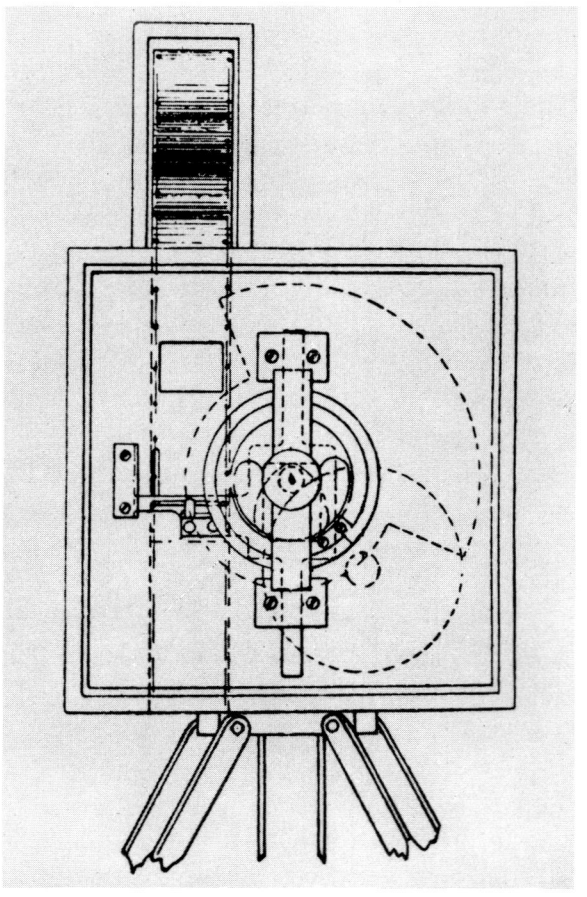

Schwierigkeiten möglich, weil Edison aus den oben genannten Gründen in England kein Patent angemeldet hatte. Trotzdem war dem Kinetoskop keine lange Lebensdauer beschieden. Die Filmprojektion, die das gemeinschaftliche Erleben möglich machte, setzte sich durch. Aber in dieser kurzen Zeit hat das Kinetoskop der Entwicklung der Filmtechnik viele Anregungen gegeben; das große Interesse beim Publikum und das damit verbundene Geschäft hat viele Erfinder zu neuen Ideen animiert.

In den USA war es der selbständige Mechaniker Le Roy. Unter Mitwirkung von Lausté — einem ehemaligen Mitarbeiter von Edison — baute er, Erkenntnisse von Heyl nutzend, einen Projektor und veranstaltete mit Erfolg Filmvorführungen. Er gründete 1894 die Cinematograph Novelty Company. Danach gibt es über seinen weiteren Lebensweg und das Schicksal seiner Erfindungen keine Hinweise mehr. Es wird davon zu berichten sein, wie rigoros Edison alles bekämpfte, was seiner Erfindung Konkurrenz machen konnte. Es ist nicht auszuschließen, daß vielleicht Le Roy ein erstes Opfer dieses Konkurrenzkampfes gewesen ist.

Eine interessante Lösung stellt 1895 der in England mit zahlreichen kinematographischen Erfindungen bekannt gewordene Acres vor. Er führte die Vor- und Nachwickelrolle ein. Dadurch wird der Film von den inzwischen länger und schwerer gewordenen Filmwickeln kontinuierlich abgezogen bzw. aufgewickelt. Das Schaltwerk braucht nur ein kleines Filmstück zu transportieren, das in einer Schleife zur Verfügung steht. Hersteller dieser Film-Kameras war der bereits erwähnte Paul. Acres stellte Mitte des Jahres 1895 seine ersten Filme her.

Nach eigenen Angaben besuchten 1894 die Brüder Lumière eine Vorführung von Edison-Kinematoskopen in Paris. Sie waren Mitinhaber der bereits erwähnten Fotoplattenfabrik ihres Vaters A. Lumière. Sie kannten die Arbeiten von Janssen, Marey, Demeny, Anschütz und anderen. Die enorme Anziehungskraft der Kinetoskop-Vorführungen auf das Publikum regte auch sie zu eigenen Arbeiten an. Sie erkannten

Filmkamera
Erste Filmkamera mit Vor- und Nachwickelrolle, Pendelfenster und Schlägermechanismus von Acres 1895

die Bedeutung dieser Einrichtung und die technischen Nachteile des Edison-Gerätes. Ihre selbstgestellten Ziele waren: Mehr Licht, bessere Bildqualität (Schärfe) und exakter Bildstand. Mit diesen genauen Vorstellungen und den günstigen Möglichkeiten, die ihnen die eigene Fabrikationsstätte bot, machten sie sich konzentriert an die Arbeit. Nach einem Jahr lag das Ergebnis vor. Es bestand in einem völlig neuartigen Film-Transportmechanismus mit Filmgreifer, womit alle bisher entwickelten Geräte in den genannten Punkten übertroffen wurden.

Der Filmgreifer war für die weitere Entwicklung der Filmtechnik die entscheidende Erfindung. Der perforierte Film wurde in den Perforationslöchern von einem Greifer erfaßt und jeweils genau um ein Bild weitergezogen. Danach kehrte der Greifer in seine Ausgangslage zurück. Während dieser Zeit stand der Film absolut still und konnte belichtet werden. Der Filmtransport war filmschonend. Es wurde eine Belichtungszeit von 1/25 s erreicht. Der Antrieb war so ausgelegt, daß der Film nur während einer drittel Kurbelumdrehung transportiert wurde und 2/3 der vollen Kurbelumdrehung still stand. Das wirkte sich positiv auf die Schärfe und den Bildstand aus. Dieses Prinzip ist heute noch in allen Filmkameras erhalten geblieben. Als Projektor wurde die gleiche Einrichtung verwendet.

Am 13. 2. 1895 wurde der »Cinematographé« patentiert. Erst später erfuhren die Brüder Lumière, daß dieser Begriff von Bouly vor ihnen verwendet wurde.

Die ersten Vorführungen waren so erfolgreich, daß in der Firma Carpentier nach geringfügigen Verbesserungen die Serienproduktion aufgenommen wurde. Im Juli 1895 fand eine Vorstellung auf dem Kongreß der Photographischen Gesellschaft Frankreichs in Lyon statt. Janssen führte auf diesem Kongreß den Vorsitz. Durch den Erfolg ermutigt, begannen die Brüder Lumière am 28. 12. 1895 im Grand Café auf dem Boulevard des Capucines in Paris die öffentlichen Vorführungen.

Die Lumières verwendeten zunächst Filmmaterial, das sie in der eigenen Fabrik auf Glasplatten in 17 m Länge gegossen danach abgelöst und auf speziellen Perforiereinrichtungen mit runden Löchern versehen haben. Später wurde auch von ihnen das »amerikanische Format« — der 35-mm-Film mit vier Perforationslöchern pro Bild von Edison — verwendet.

Der Cinematographé war nicht nur Filmkamera und Projektor, er diente auch als Kopiereinrichtung. Negativ und Positiv wurden gleichzeitig in die Filmkamera eingelegt. Von einem Fenster der Fabrik wurde die Optik auf eine von der Sonne beschienene gegenüberliegende weiße Wand gerichtet, deren reflektiertes Licht diffus und hell genug war, um ausgeglichene Kopien zu erhalten.

Den Brüdern Lumière gelang nicht nur die zukunftsträchtigste und technisch ausgereifteste Lösung der damaligen Zeit, sie wußten ihre Erfindung auch sehr rasch über die Grenzen Frankreichs hinaus bekannt zu machen. Mit selbst »gedrehten« Filmen betrieben sie sehr bald mehrere Filmtheater. Bereits 1897 enthielt ihr Katalog 358 Filme bis zu 17 m Länge. Derartige Filmlängen ergeben je nach Vorführungsgeschwindigkeit und Format eine Vorführzeit von ungefähr einer Minute. Ihr erster Film zeigt die Arbeiter der Fabrik in Lyon, die zur Mittagspause das Betriebsgelände verlassen. Noch heute ist der Streifen »Le jardinier« — »Der Gärtner« — bekannt: Ein Junge klemmt den Gartenschlauch ab, der Gärtner schaut in die Düse, und in dem Augenblick gibt der Junge den Schlauch wieder frei …

Auf der Weltausstellung 1900 in Paris führten die Brüder Lumière mit besonderen Projektoren und einem Filmformat von 60 mm Breite Filme auf einer 24 m × 30 m (!) großen Bildwand vor. Als Lichtquelle diente ein Kohlebogen mit 100 A Stromaufnahme.

Die Brüder Lumière verteidigten sehr lange ihre Selbständigkeit. Zahlreiche Anfragen und Angebote zum Verkauf der Geräte oder Lizenzen für die Vorführungsrechte wurden abgelehnt. Erst 1905 überließen sie ihre Entwicklung dem Fabrikanten und Schausteller Pathè, der u. a. mit diesem »Kapital« eine Firma von Weltgeltung aufbaute.

Dieses Kapitel der Geschichte der Filmtechnik könnte eigentlich mit der Erfindung der Brüder Lumière abgeschlossen werden. Der Film war erfunden. Der Vollständigkeit halber müssen aber noch einige Erfindungen aus dieser Zeit erwähnt werden, die für die Geschichte der Filmtechnik von Interesse sind.

Phantaskop
Erste Filmkamera mit Linsenkranz für den optischen Ausgleich bei kontinuierlicher Filmbewegung. Ungenügende Fertigungsmöglichkeiten bedingten schlechten Bildstand. (Jenkins 1894). Das Funktionsprinzip wird heute bei Film-Schneidetischen mit sehr gutem Erfolg genutzt.

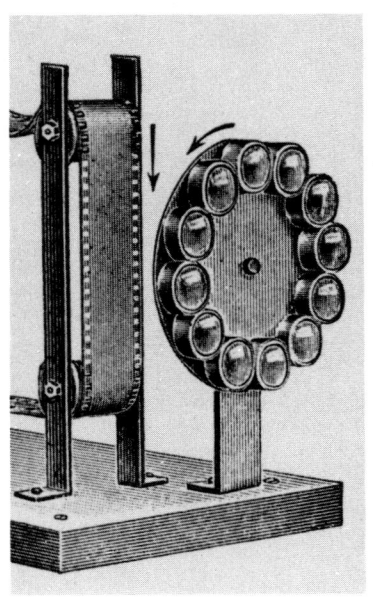

Seite 65

Projektorkopf
Von der Firma Buderus in den
ersten Jahren des 20.Jh. gebauter
Filmprojektor (ohne Objektiv). Die
Projektoren hatten noch keine
Filmtrommeln, wurden auf Tischen
aufgestellt und mit unterschied-
lichen Lichtquellen komplettiert.

Seite 66

**Filmkamera
Ernemann-Normal-Aufnahme-
Kino Modell A**
Die Dresdner Firma Ernemann
beschäftigte sich frühzeitig mit der
Herstellung von Filmkameras und
Projektoren. Diese Kamera wurde
um 1910 gebaut; der Begriff
»Kino« ist im Zusammenhang mit
diesem Gerät erstmalig verwendet
worden.

Filmkamera Gaumont
Gaumont in Frankreich war die
erste Fabrik für die serienmäßige
Herstellung kinematographischer
Geräte. Diese Kamera wurde um
1910 produziert.

Wanderkino
Als Schaustellung auf Jahrmärkten
und zu anderen Anlässen war das
Kino in dieser Form Anfang
unseres Jahrhunderts sehr beliebt.

Filmkamera Ernemann E
Eine der meistbenutzten Filmkameras der Stummfilmzeit (um
1918). Auf Elektromotoren für den
Antrieb wurde noch bewußt ver-
zichtet, um die Filmgeschwindigkeit
»in der Hand zu haben«: es wurde
»gedreht«!

**Filmkamera Pathè-Frères um
1918**
Die Firma Pathè löste in Frankreich die Firma Gaumont ab und
erlangte Weltgeltung.

Seite 69

Heimkino
Mit den billiger werdenden Filmen
wurden um die 20er Jahre Heim-
kinos sehr beliebt.

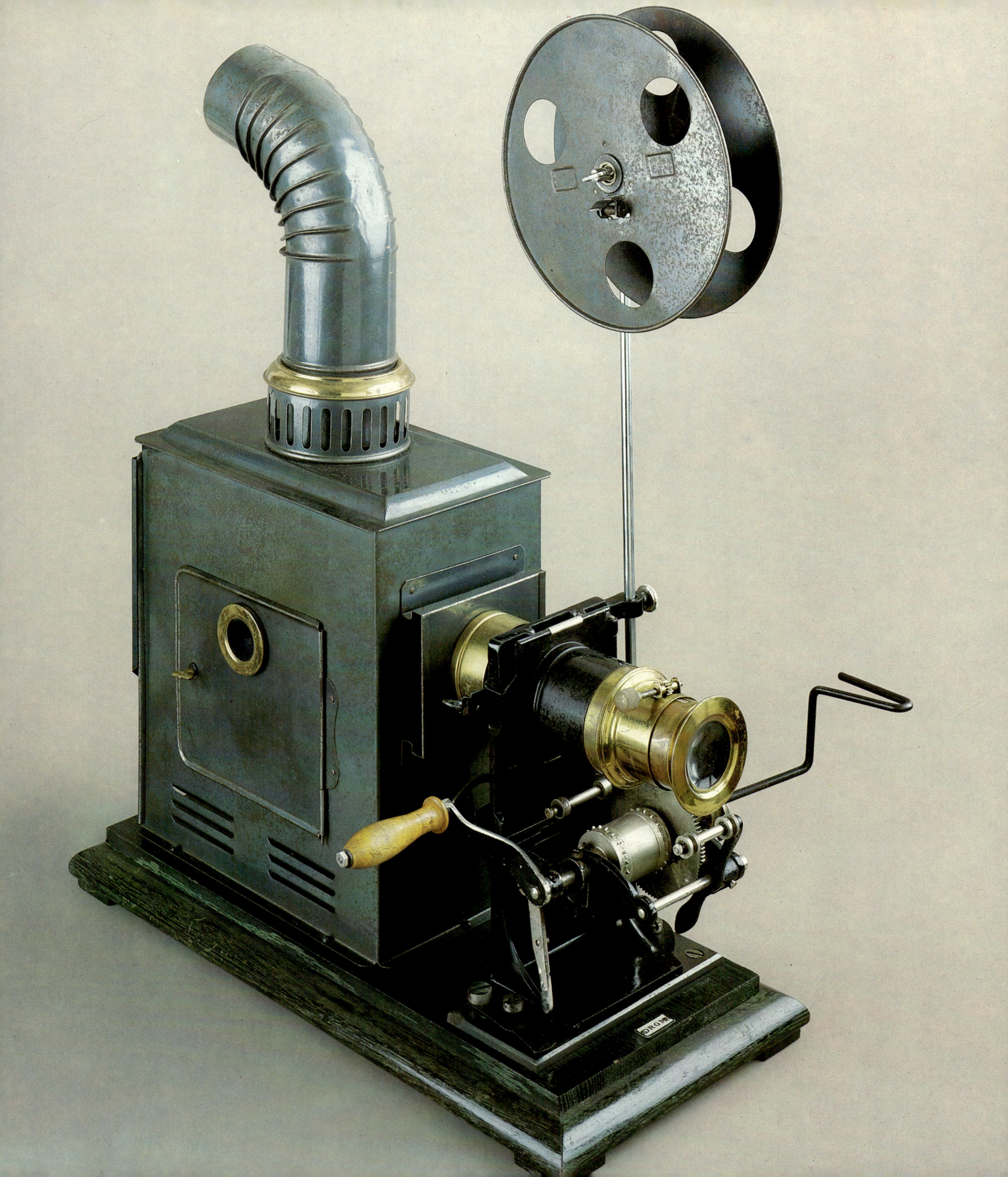

**Filmkamera Askania Z
(geöffnet)**
Gebaut um 1930 als erste Ganzme-
tallkamera war sie Vorbild für viele
spätere Entwicklungen. 1933
wurde sie als Tonkamera und 1936
als Handkamera weiterentwickelt.

Seite 73

**Filmkamera Askania Z
(geschlossen)**
Der robuste und trotzdem leichte
Aufbau ermöglichte den Einsatz
unter komplizierten Aufnahmebe-
dingungen.

74

**Filmkamera Debrie Parvo
(geöffnet)**
Es fällt die bis in Einzelheiten
gehende Ähnlichkeit mit der
Askania Z auf

**Filmkamera Debrie Parvo
(geschlossen)**

Seite 75

Filmkamera Arriflex II B
Die Konstrukteure Arnold und
Richter entwickelten Mitte der 30er
Jahre einen völlig neuen leichten
Kameratyp, der die Kameraent-
wicklung der nächsten Jahre ent-
scheidend beeinflußte.

Filmkamera Rodina (UdSSR)
Die Rodina ist eine um 1950 für
professionelle Zwecke entwickelte
Filmkamera, die auch in Filmstudios der DDR eingesetzt wurde.

Filmkamera Moskinap (UdSSR)
Moderne 70-mm-Spiegelreflex-
Kamera mit Objektivrevolver
(um 1955)

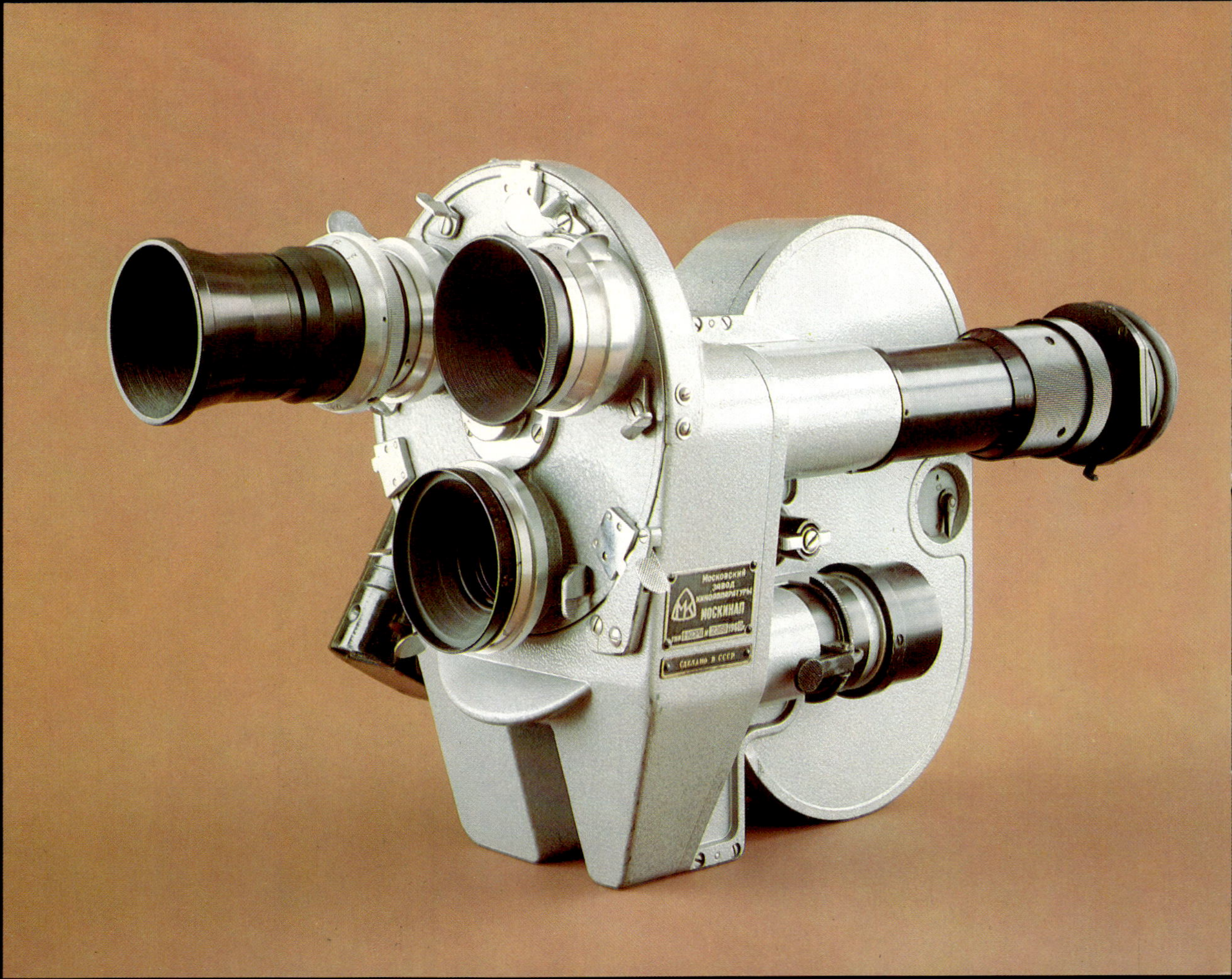

In Deutschland beschäftigten sich zur gleichen Zeit — angeregt durch das Kinetoskop von Edison und die Vorführungen von Anschütz — die Brüder Skladanowski mit der Aufnahme und Wiedergabe von Filmen. Sie waren Schausteller und vertrieben mit gutem Erfolg Taschenkinematographen. Sie entwickelten einen Schneckenradmechanismus zum schrittweisen Filmtransport, der ihnen am 1. 11. 1895 unter der Nummer 88599 patentiert wurde. Dieses Patent war die Grundlage eines Doppelprojektors »Bioskop«. Die technischen Details dieses Projektors haben die Filmtechnik in keiner Weise beeinflußt. Mit ihm gelang es jedoch den Brüdern Skladanowski, am 1. 11. 1895 im Wintergarten in Berlin eine öffentliche Filmvorführung zu veranstalten. Es war die erste öffentliche Filmvorführung, für die ein Eintrittsgeld bezahlt werden mußte.

In komplizierter Weise wurden die Kopien für die Filme hergestellt. Einzelne Bilder (30 m × 40 mm) wurden zu zwei Bildschleifen zusammengeklebt. Jede Schleife war 24 Bilder lang. Um auf die Mindest-Vorführungsfrequenz von 16 Bildern pro Sekunde zu kommen, wurden die zwei Schleifen intermittierend mit 8 Bildern pro Sekunde vorgeführt. Die Vorführung dauerte mithin drei Sekunden. Als Filmperforation dienten Metallösen.

Es ist in der Geschichte der Filmtechnik oft vorgekommen, daß Lösungen praktiziert wurden, die später nicht mehr erwähnt worden sind. Der originellen Erfindung der Brüder Skladanowski wäre es mit Sicherheit nicht anders ergangen, wenn die Erfinder nicht — zum Teil mit nachweislich unlauteren Mitteln — darauf bestanden hätten, *die* Erfinder des Films gewesen zu sein. Damit forderten sie den Widerspruch der Fachwelt heraus; sie hatten zwar als erste für ihre Vorführungen Eintrittsgeld erhalten, aber Filme

Max Skladanowski

* 30.4.1863 Berlin
† 30.11.1939 Berlin

Lehre in der Theaterscheinwerfer- und Apparatefabrik W. Hagedorn. 1881 – 1890 Nebelbildvorführungen mit seinem Vater. 1888 Konstruktion eines mechanischen Theaters. 1890 Vorführung desselben in Castans Panopticum in der Passage unter den Linden in Berlin. 20.8.1892 erste fotografische Aufnahmen mit selbstgebauter Filmkamera mit acht Bildern pro Sekunde für Abblätterbücher. 1895 mit Bruder Emil Filmkamera mit 65-mm-Film und einem Perforationsloch pro Bild. 1.11.1895 erste öffentliche Vorführung seiner Filme im Wintergarten in Berlin mit Doppelprojektor »Bioskop« (Patent Nr. 88599). 29.12.1895 mit Bruder Emil in Paris. Geplante Vorführung fand aus unbekannten Gründen nicht statt, obwohl die vereinbarte Gage gezahlt worden sein soll. 1896 Bioskop II ein Projektor mit Malteserkreuz. Reisen im europäischen Ausland. Ab 1897 nur noch Beschäftigung mit Stereoaufnahmen und Abblätterbüchern. Gründung der Firma Berliner Camera-Werk Max Skladanowski. 1935–1938 Ehrengastspiele in verschiedenen deutschen Städten.

Bioskop
Konstruktionsprinzip aus der Patentschrift von Skladanowski Nr. 88599 über eine »Vorrichtung zum intermittierenden Vorwärtsbewegen des Bildbandes« aus dem Jahre 1895

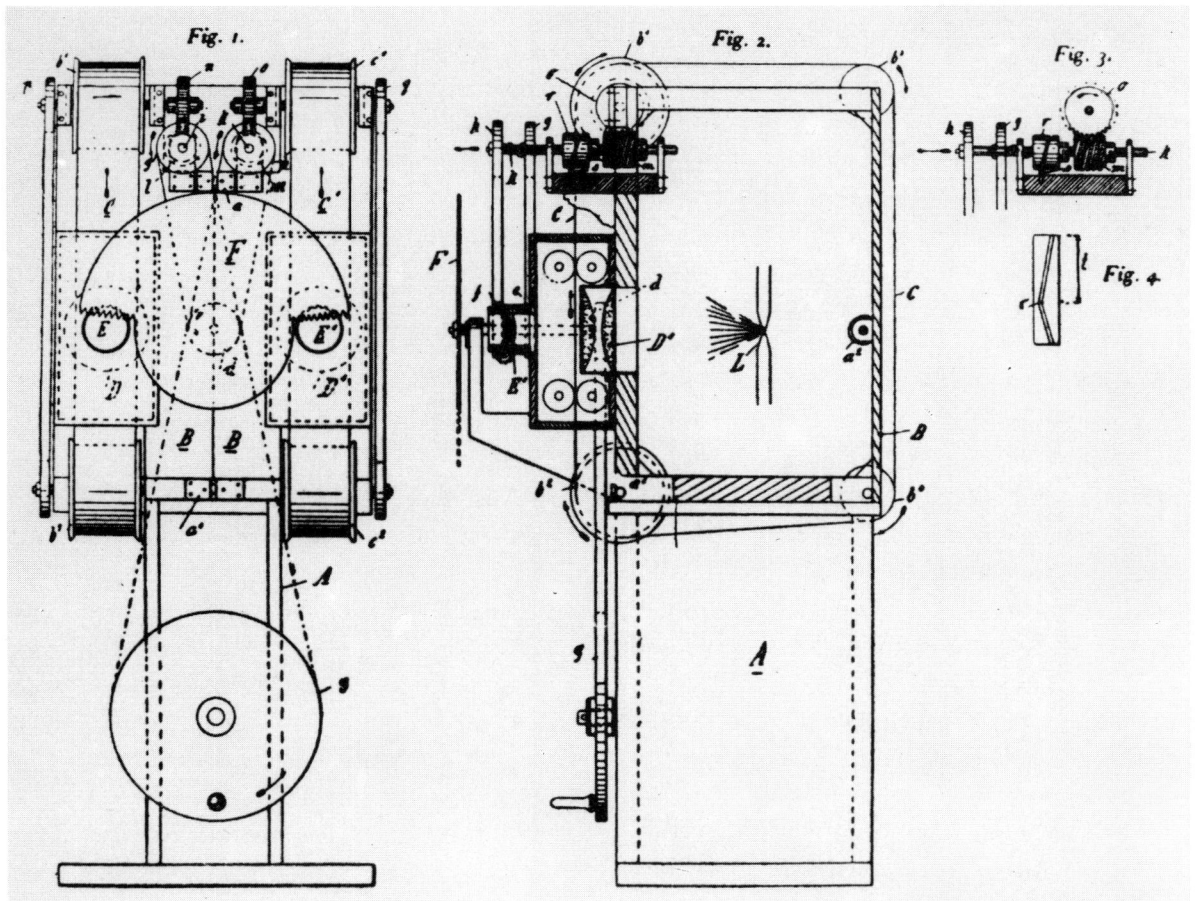

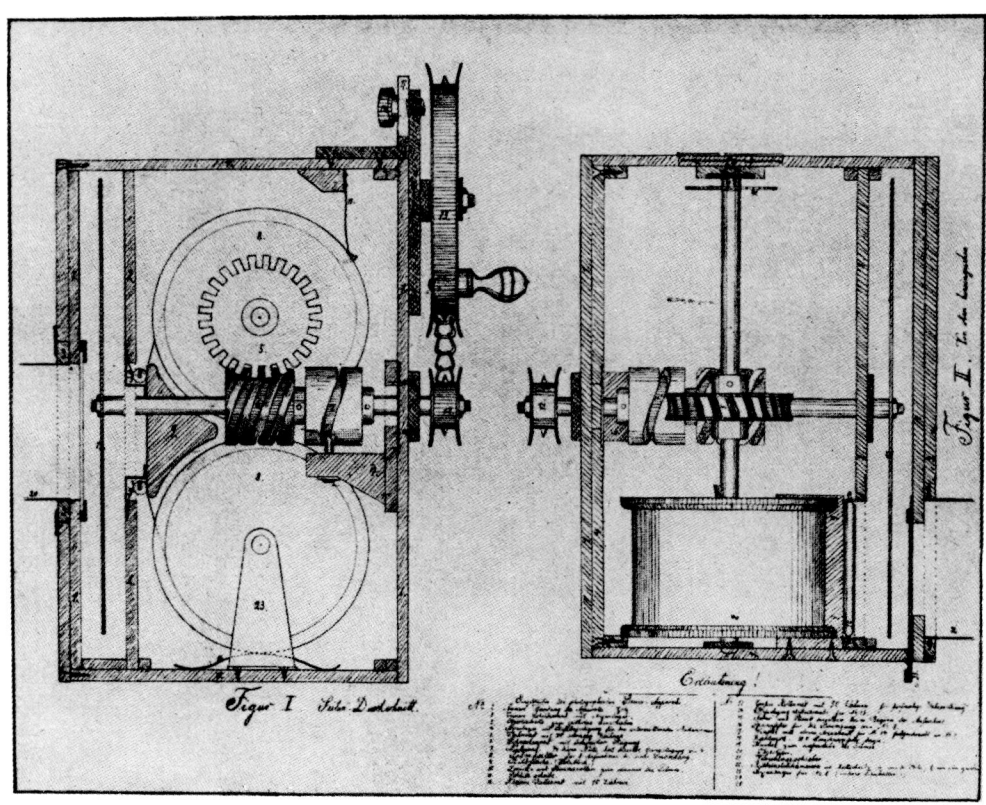

Filmkamera Skladanowski
Konstruktionszeichnung des
Schneckenradmechanismus, der
auch für das Bioskop verwendet
wurde

einen kontinuierlichen Filmtransport ermöglichte. Diese Konstruktion ist in mehrfacher Hinsicht bemerkenswert. Zum einen verblüfft die Ähnlichkeit mit dem verbesserten Projektionslebensrad von Uchatius, und zum anderen ist dieser Linsenkranz vor wenigen Jahren für die Realisierung eines Film-Schneidetisches mit sehr guten optischen Eigenschaften wiederentdeckt worden. Jenkins konnte zu seiner Zeit aus Mangel an hinreichend genau gefertigten Optiken kein befriedigendes Ergebnis erzielen — zumindest waren die Fertigungskosten gegenüber anderen Verfahren entschieden zu hoch.

Das Gerät zeigt aber, daß es bereits in den Anfängen der Filmtechnik Versuche gab, die ungünstige intermittierende Bewegung des Films durch eine kontinuierliche Antriebsmöglichkeit zu ersetzen. Wir erinnern uns in diesem Zusammenhang an die Arbeiten von Reynaud und verweisen auf ähnliche Bemühungen von Maskely in England (1897) und Campbel in den USA (1897). Letzterer schlug den Schwingspiegel als optischen Ausgleich vor, der später von dem deutschen Konstrukteur Mechau wieder aufgegriffen wurde.

Jenkins ist noch in anderem Zusammenhang aktiv geworden. Edisons Filmproduktion war rasch rückläufig geworden. Mit der Filmprojektion in Europa verloren die Kinetoskope an Interesse. Zu spät hatte sich Edison dem neuen Verfahren zugewandt. Ein Versuch mißlang, das Kinetoskop als Projektor herzurichten. In dieser Zeit entwickelte der Amerikaner Armat — angeregt durch eine Vorführung des Schnellsehers von Anschütz auf der Weltausstellung 1893 in Chicago — einen Filmprojektor. Er hatte sich 1894 in einer Schule für Elektrotechnik einschreiben lassen, um seine Kenntnisse für diese Entwicklung zu erweitern. Der Leiter der Schule — Bliss — machte ihn mit Jenkins bekannt. So erfuhr Armat von der Phantaskop-Entwicklung. Armat und Jenkins arbeiteten gemeinsam weiter. Ihr Projektor war mit einem Malteserkreuz in vierteiliger Ausführung ausgerüstet, das Armat 1895 zum Patent anmeldete. Es wurde am 2.3.1897 erteilt. Mehrere sehr er-

waren bereits vor ihnen und mit besserer Qualität in der Öffentlichkeit gezeigt worden.

1934 — also ein Jahr nach dem verhängnisvollen Machtantritt des Nationalsozialismus — veröffentlichte Niessen eine kleine Schrift mit dem Titel »Der Film — eine unabhängige deutsche Erfindung«. Der Titel spricht bereits für sich: die Behauptung ist unhaltbar. Im Resumé dieser Veröffentlichung wird vom Verfasser eine Gedenktafel vorgeschlagen, die auf die erste öffentliche Filmvorführung am 1.11.1895 aufmerksam machen sollte. Deutschland brauchte damals eben auch *seinen* Erfinder der Filmtechnik. Die Tafel wurde tatsächlich 1935 am Wintergarten angebracht. Sie verschwand mit der Zerstörung Berlins in den letzten Bombennächten des 2. Weltkrieges.

Parallel zu den Arbeiten der Brüder Lumière beschäftigte man sich auch in den USA mit der Filmprojektion. 1894 stellte Jenkins sein Phantascope vor. Filmkamera und Projektor waren mit einem Linsenkranz ausgerüstet. Dadurch wurde ein optischer Ausgleich geschaffen, der

Filmkamera Super-Parvo
Studiokamera mit Motorantrieb im Schallschutzgehäuse um 1934. Die Filmkameras wurden schwer und unbeweglich, aber die bei Einführung des Tonfilms übliche Unterbringung in einer begehbaren Schallkammer war der Kamerabewegung noch weniger dienlich.

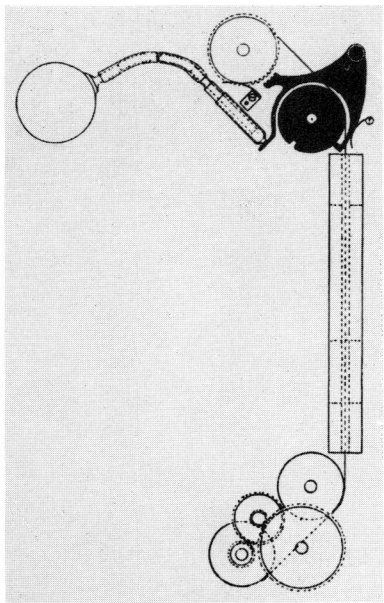

Adams um 1880
Über Pneumatik (Gummiball) aus-
gelöstes Schrittschaltwerk für Einzelaufnahmen in rascher Folge

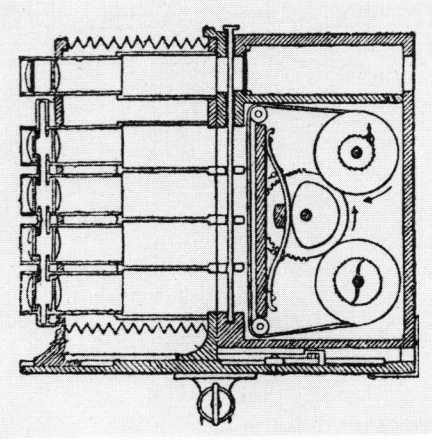

Le Prince 1887
Zwei Filmbänder über Reibräder
abwechselnd transportiert, werden
von jeweils acht Objektiven nacheinander belichtet (acht Aufnahmen pro Stillstandsphase).

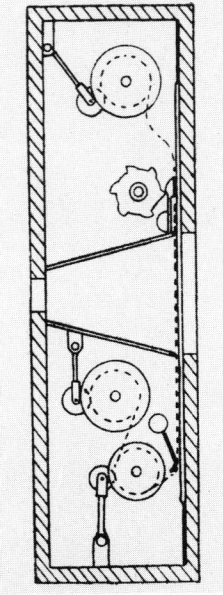

Marey 1890
Film (Papier) wird periodisch fest-
geklemmt: es bildet sich links eine
Schleife, die der Bildbreite ent-
spricht. Die Schleife wird in der
Bewegungsphase abgebaut.

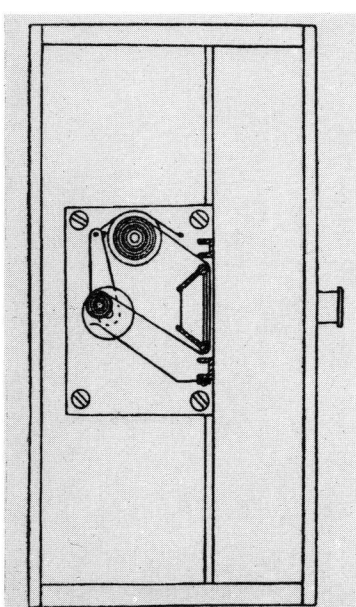

Demeny 1893
Die gesamte Aufwickelrolle wird
für den Filmtransport exzentrisch
angetrieben.

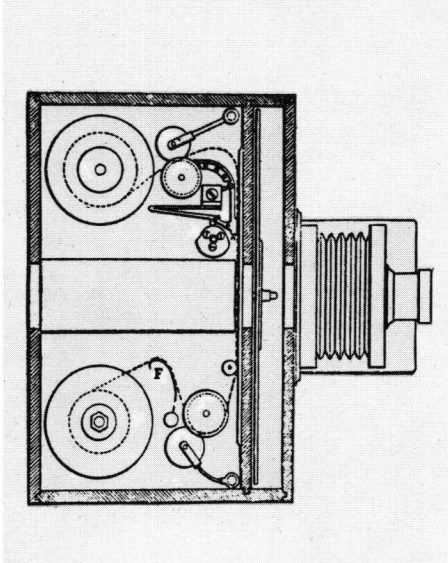

Marey 1893
Verbesserte Ausführung des Prin-
zips von 1890 (Bild 104). Vor- und
Nachwickelrolle und der Zugaus-
gleich durch die Feder (F) verbessern den Filmtransport erheblich.

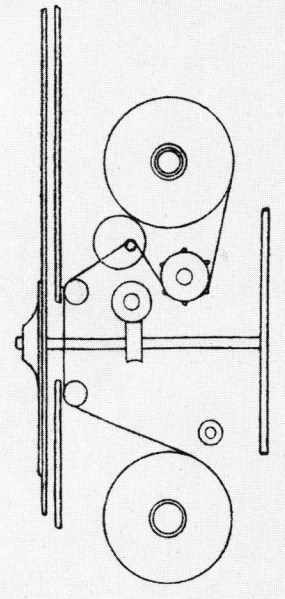

Demeny 1894
Verbesserte Ausführung des Prin-
zips von 1893 (Bild 108). Zentri-
sche Auf- und Abwickelrolle,
Schläger vor einer Zahnrolle

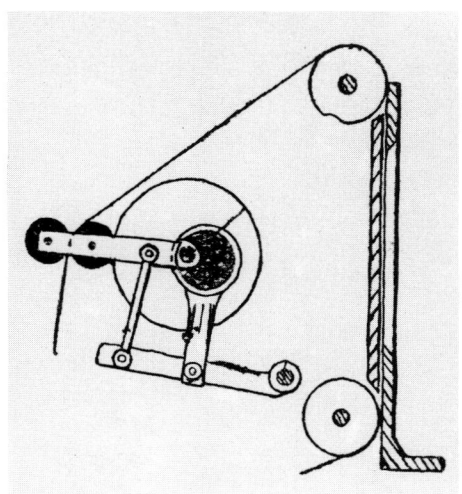

Eanes 1890
Der Film wird in der Stillstandsphase festgeklemmt; in dieser Zeit
erfolgt die Abwicklung einer Bildbreite durch die Kippbewegung der
Pendelrolle.

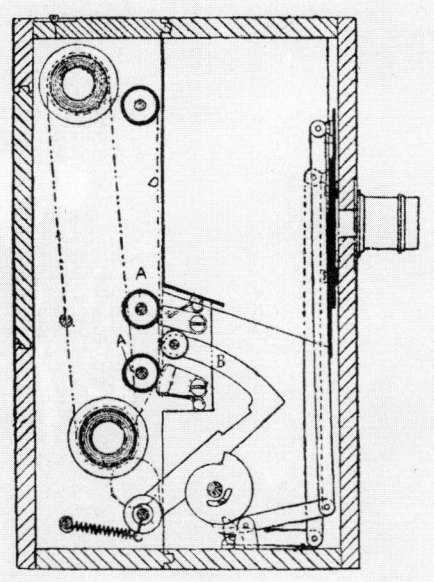

Varley 1890
Der Filmtransport erfolgt für
jeweils eine Bildbreite durch den
»Schläger«. In der Stillstandsphase
wird der Film geklemmt. Friese-
Green hat diesen Antrieb 1893
ohne Veränderung übernommen.

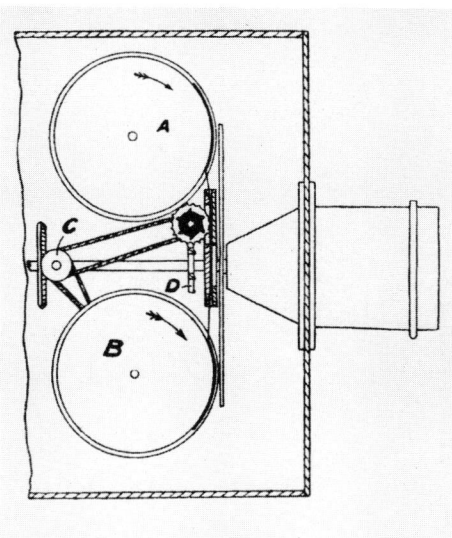

Edison 1891
Der perforierte Film wird über
einen Schrittschaltmechanismus
von der Rolle periodisch abgezogen.

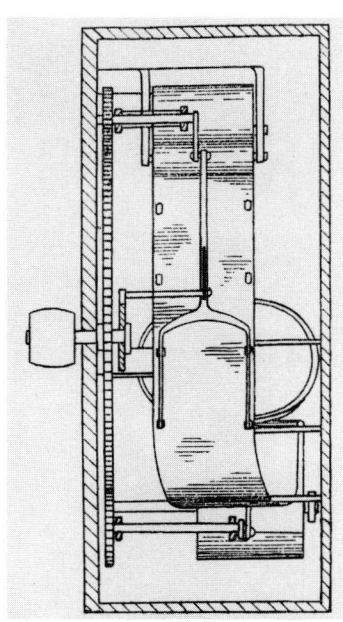

Le Gray 1895
Durch einen synchron zum Film
rotierenden halb versilberten und
halb durchlässigen Spiegel wird
abwechselnd ein Halbbild belichtet
(optischer Ausgleich). Der Filmtransport erfolgt mit einem Greifer.

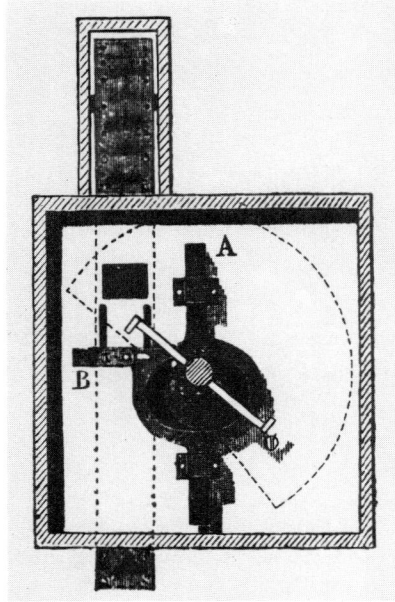

Lumière 1895
Greifermechanismus für den Filmtransport mit Exzenterantrieb und
180°-Sektorblende für die Ver-
dunklung des Bildes während der
Bewegungsphase

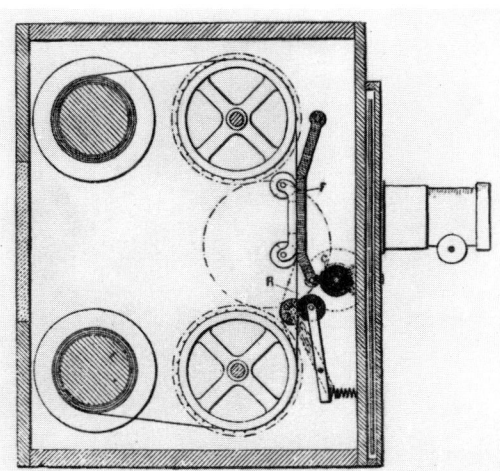

Acres 1895
Zahnrollen als Vor- und Nachwik-
kelrollen sorgen für kontinuierliche
Auf- und Abwicklung des Films.
Film wird im Bildfenster während
der Stillstandsphase geklemmt.

folgreiche Filmvorführungen der beiden Erfinder machten Edison aufmerksam.

Edison verstand in Patentangelegenheiten keinen Spaß. Es wird berichtet, daß Schausteller mit Geräten eigener Bauweise in die grenznahen Städte der USA auswichen, um der Beschlagnahme ihrer teuren Geräte infolge einstweiliger Verfügungen durch Edison durch Grenzübertritt entgehen zu können. —

Jenkins trat seine Rechte sehr bald an Edison ab, der das Gerät als Edison-Vitaskope mit der Markenbezeichnung Armat-Design unter großem Reklameaufwand herausbrachte. Am 23. 4. 1896 fand die erste Vorführung in New York statt. Armat war der Vorführer am Projektor! Die Presse schrieb vom »Edison new wonder« — »Edisons neues Wunder« —, und die »Black Mary« — Edisons erstes Filmatelier aus dem Jahre 1893 — bekam wieder reichlich Arbeit.

Das Malteserkreuz-Patent von Armat stellt die gedankliche Verbindung zu Messter her, einem Deutschen, der die ersten Jahre des neuen Mediums Film wesentlich beeinflußt hat. Ihm wurde vielfach die Einführung des Malteserkreuzes in die Kinematographie zugeschrieben. Das ist nicht richtig. Ausgehend von einer in seiner Werkstatt zur Reparatur angelieferten Filmkamera von Paul schuf Messter in wenigen Monaten ein durch ein vierteiliges Malteserkreuz verbessertes Modell. Er verkaufte es im Juni 1896 dem russischen Schausteller Rogolino. Zu dieser Zeit war das Malteserkreuz bereits in unterschiedlicher Form in verschiedenen Geräten verwendet worden. Messters Verdienst besteht nicht in der Erfindung, sondern in der folgerichtigen technischen Anwendung des Malteserkreuzes.

Die Grundlagen der Filmtechnik waren 1895 vorhanden. Die Prinzipien haben sich seitdem nicht geändert. Deshalb gilt das Jahr 1895 als das Geburtsjahr der Filmtechnik.

Mit diesem Datum ist noch einmal die Frage zu stellen, die die Gemüter seither so bewegte:

Wer war der Erfinder der Kinematographie?

Es sind viele Erfinder, die Anspruch darauf erheben könnten. Offiziell werden mindestens vier Namen genannt, die bezeichnender Weise in vier verschiedenen Ländern mit Gedenktafeln geehrt werden oder wurden:

Die USA nennen Edison,

Frankreich die Brüder Lumière,

England ehrt Le Prince, und

Deutschland schrieb den Brüdern Skladanowski die Erfindung zu.

Abhängig vom jeweiligen Standpunkt könnten mit gutem Recht noch einige hinzugefügt werden.

Die Beantwortung der Frage ist nicht möglich. Die Widersprüche in den Quellen sind zu zahlreich. Falsch geschriebene Daten, sachlich falsch und subjektiv interpretierte technische Lösungen und nationalistische Interessen überdecken sich zu stark.

Wir sollten heute allen, die sich um die Entwicklung der Filmtechnik bemüht haben — den bekannten und den unbekannten Persönlichkeiten gleichermaßen — unsere Achtung zollen. Wir verdanken ihnen eine wesentliche Bereicherung unseres Lebens. Ehren wir sie, indem wir dafür sorgen, daß diese Erfindung nicht mißbraucht wird.

Das ist und war nicht immer selbstverständlich; denn nach 1895 beginnt …

Die Industrialisierung

Filmproduktion
Filmtheater · Format · Farbe

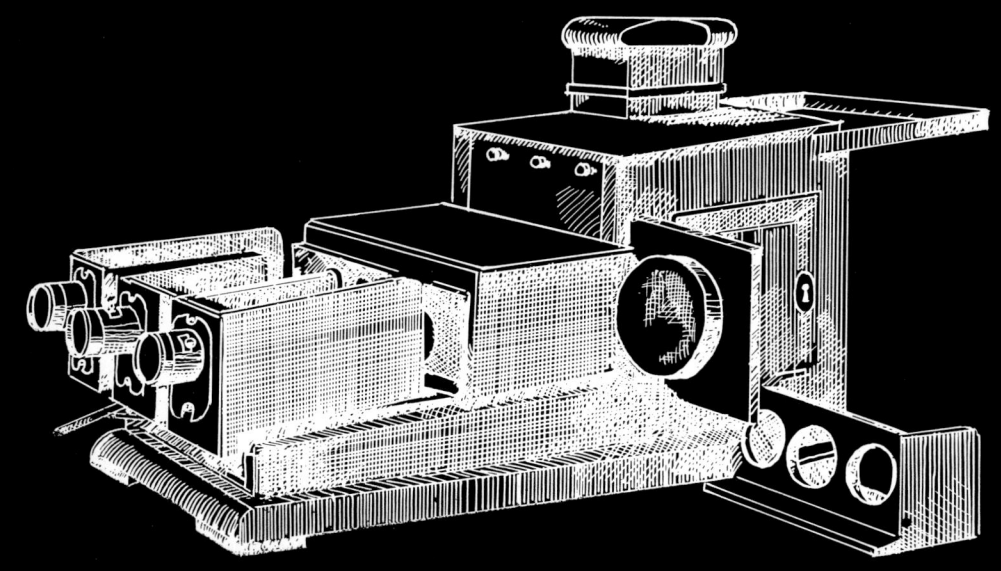

Oskar Messter

* 21.11.1866 Berlin
† 6.12.1943 Tegernsee

Vater besaß mechanische Werkstatt für optische und medizinische Geräte. 1892 Übernahme der väterlichen Werkstatt. 15.6.1896 Verkauf der ersten Filmkamera mit Malteserkreuzantrieb an Schausteller Rogolino aus Moskau. 26.6.1900 Patent Nr. 127913 auf ein vierteiliges Malteserkreuz. 1897 erster Katalog kinematographischer Geräte. 1898 Übernahme der Firma G. R. Betz. Teilnahme an Expeditionen in die Türkei, Palästina und Ägypten. 1.10.1900 Vereinigung mit Gleewe und Kugler zu Vereinigte Mechanikerwerkstätten G.m.b.H. 1901 Gründung der Messter-Projektion G.m.b.H. Beginn der Filmherstellung. 30.8.1903 erste öffentliche Vorführung im Apollotheater. 1.10.1914 erste »Messter-Woche« (Wochenschau). Messterfilm G.m.b.H. wird 1917 von der Ufa übernommen. 1928 Mitbegründer der Tobis (Tonbildsyndikat A.G.).

Der Beginn des 20. Jh. ist gekennzeichnet durch die fortschreitende Industrialisierung. Der Film und die Filmtechnik profitierten von dieser Entwicklung. Aus den Wanderkinos wurden die ersten festen Filmtheater. Ihr ständiges Programm verlangt nach immer mehr und immer aufwendigeren Filmen.

In Berlin wurde 1896 das erste Filmtheater — das »Edison-Theater« — in der Friedrichstraße eröffnet. Aus wenigen Theatern wurden in kurzer Zeit hundert. Die Filmateliers nahmen immer mehr kapitalistischen Charakter an. Es entsteht die Filmindustrie. Sie ist ein Millionengeschäft, denn sie ist das Geschäft mit Millionen. Das neue »Massenmedium« Film kennt nur noch einen Maßstab — Profit.

Produktion

Messter in Deutschland, Pathé in Frankreich, Paul in England und Edison in den USA sind charakteristisch für diese Entwicklung. Sie beherrschen den Markt und integrieren alles, was bisher erfunden oder erdacht wurde. — Pathé der 1896 die Firma Pathé-Frères in Frankreich gründete, soll von sich gesagt haben:

»Ich habe zwar das Kino nicht erfunden, aber ich habe es industrialisiert!«

Das gilt auch sinngemäß für Messter in Deutschland. Er erkannte sehr zeitig die massenpolitische und kommerzielle Bedeutung des Films und nutzte alles, was ihm bekannt wurde im großen Stil. Bereits im Oktober 1897 erschien sein erster Katalog mit 115 Seiten. In rascher Folge wurden Filmateliers gegründet. Im November 1897 wurde ein Dachgeschoß in der Friedrichstraße 94a umgebaut. Es folgte bereits 1897 ein Glashaus in der Friedrichstraße 16 und 1907 das inzwischen legendäre Atelier in der Blücherstraße 32. Es konnte nicht ausbleiben, daß die Konkurrenz aufmerksam wurde. Mit Pathè entstand ein für damalige Verhältnisse typischer Patentstreit, der letztlich in einem Vergleich endete: Messter durfte für die deutschen Pathé-Niederlassungen deren Geräte

verkaufen. Damit waren die Interessenlagen geklärt.

Die starke Nachfrage nach filmtechnischen Geräten und Filmen leitete eine Spezialisierung ein. Die Produzenten der Filmtechnik trennten sich von den Filmherstellern. Kunst und Technik gingen eigene Wege. Produzenten von Filmkameras und Projektoren (Ernemann in Deutschland), Filmfabriken (Gründung der Agfa in Wolfen) und Filmproduzenten (Messter-Film-G.m.b.H., Deutsche Bioskop-Gesellschaft u.a.) kämpften auf ihren Gebieten um immer größere Marktanteile.

Im Zuge dieser Entwicklung errichtete die Deutsche-Bioskop-Gesellschaft in Neubabelsberg bei Potsdam ihr erstes Atelier und begann mit Dreharbeiten zu dem Film »Der Totentanz« mit Asta Nielsen. Im gleichen Jahr entstand auf diesem Gelände ein Kopierwerk, in dem bereits 1912 in Bottichen und auf Rahmen täglich 15 000 Meter Film entwickelt wurden. Das waren die Anfänge der späteren »Filmstadt« Babelsberg, dem heutigen VEB DEFA Studio für Spielfilme.

Die Qualität der filmtechnischen Geräte und des Kinefilms verbesserte sich rasch. Es wäre für den Spezialisten sicher interessant, die Entwicklung der Greiferwerke für Filmkameras, die Fortschritte auf optischem Gebiet und in der Beleuchtungstechnik, den rasch wachsenden Einfluß der Elektronik bis hin zur Fernsehtechnik oder die Verbesserungen auf dem Gebiet der Film- und Fotochemie zu verfolgen. Wir müssen im Rahmen dieses Buches darauf verzichten und können uns auch nicht den Neubauten von Filmateliers und deren Ausstattung widmen; lediglich den Filmtheatern und Filmformaten und dem Entstehen des Farbfilms werden wir uns zuwenden.

Filmtheater

Was die Filmtechnik zu leisten vermag, das entscheidet sich letztendlich auf der Bildwand. Die Art und Weise, in der ein Film gezeigt wird, die technische Qualität der Projektion und die Umgebung, in der die Vorführung stattfindet, entscheiden das Erlebnis des Zuschauers.

Das Filmtheater ist nur bedingt ein Thema der Filmtechnik, da sein Aufbau und seine Ausstattung noch von zahlreichen anderen Faktoren abhängen. Seine Geschichte ist aber für die Entwicklung der Filmtechnik so kennzeichnend, daß einige Gedanken an dieser Stelle angebracht erscheinen.

Eine Fotografie wird wie ein Bild in der Regel von einer Person betrachtet, das trifft auch auf die ersten Filmvorführgeräte zu. Erst mit der Filmprojektion vor Publikum wurden an den Raum bestimmte Forderungen gestellt. — Die ersten Vorführungen dieser Art fanden vor allem in Cafés statt. Die Caféhäuser waren in der zweiten Hälfte des 19. Jhr. und um die Jahrhundertwende wichtige Kommunikationszentren. Zum »Service« dieser Gaststätten gehörten häufig nicht nur Zeitungen, Musik und gepflegte Speisen, sondern auch kleine Varieténummern und szenische Darstellungen. Der aufkommende Film war eine willkommene Ergänzung und Sensation zugleich. Heute wird in den Café-Kinos hin und wieder eine Renaissance dieser Filmvorführungen versucht; die Voraussetzungen sind aber inzwischen völlig anders.

Mit der Serienfertigung von Filmprojektoren entstand das Wanderkino, das auf Jahrmärkten und ähnlichen Veranstaltungen sehr beliebt war. — Die Länge der Filme beschränkte sich nicht mehr auf wenige Meter, und es verblaßte die Sensation, nur »lebende Bilder« zu sehen. Das Interesse am Inhalt der Filme wuchs, und die Technik trat buchstäblich in den Hintergrund. Die Kinos wurden allmählich »seßhaft«. Stationäre Filmtheater richteten sich in ehemaligen Geschäften ein. Diese sogenannten Ladenkinos wurden zum Vorläufer der großen Filmtheater.

Noch vor dem ersten Weltkrieg entstanden in rascher Folge immer größere Filmtheaterbauten. Bereits 1910 wurde der erste freistehende Filmtheaterbau in Berlin am Nollendorfplatz errichtet.

1914 gab es in Deutschland 2 800 Filmtheater, die zusammen 150 Millionen Reichsmark jährlich eingenommen haben sollen. Täglich (!) wurden 1,4 Millionen Besucher gezählt. 155 Neubauten entstanden durchschnittlich pro Jahr. Diese stürmische Entwicklung wurde in Europa durch den ersten Weltkrieg unterbrochen.

In der Folgezeit hatten Begriffe wie »Palast« und »Theater« durchaus ihre Berechtigung. Die Architektur und der Komfort der Innenausstattung waren dem herkömmlichen Theater sehr ähnlich. Dem Publikum, das zu damaliger Zeit zum größten Teil in sehr bescheidenen äußeren Verhältnissen wohnte und lebte, wurde für geringes Eintrittsgeld allein schon durch die äußere Baugestaltung ein gesellschaftliches Erlebnis geboten.

Mit der Einführung des Fernsehens nach dem zweiten Weltkrieg gingen die Zuschauerzahlen in den Filmtheatern stark zurück. Die über 1 000 Sitzplätze zählenden Filmtheater wurden — von wenigen Ausnahmen abgesehen — unwirtschaftlich. In vielen Fällen ging man dazu über, in einem großen Bau durch Umgestaltung mehrere kleine Vorführungen mit 200 bis

Reklame für Mechauprojektoren
Der Mechau-Filmprojektor war lange Zeit der einzige Projektor mit kontinuierlichem Filmantrieb und optischem Ausgleich, der in Serie produziert wurde.

400 Sitzplätzen einzurichten. Das vielseitige Programm, das dadurch in einem Haus angeboten werden konnte, wurde individuellen Zuschauerinteressen besser gerecht. Auf der anderen Seite wurde mit Freilichtbühnen und Autokinos eine neue Form für die Filmvorführung vor großem Publikum gefunden.

Heute werden selbständige Filmtheaterbauten immer seltener. Die mit der Einführung der 70-mm-Technik entstandenen Filmtheater wie »Kosmos« und »International« in Berlin, das Rundkino auf der Prager Straße in Dresden und das »DEFA-70« in Potsdam-Babelsberg, die alle in den 60er Jahren entstanden, waren die letzten selbständigen Filmtheaterbauten von Bedeutung in der DDR. Die Filmvorführung wird zunehmend in Mehrzweckgebäuden integriert. Dafür sind auch — aber sicher nicht ausschließlich — ökonomische Überlegungen entscheidend. Die Kulturpaläste in den Bezirksstädten in der DDR und nicht zuletzt der Palast der Republik in Berlin sind mit ausgezeichneten technischen Möglichkeiten für die Filmvorführung ausgerüstet worden.

Filmformate

Die Geschichte der Filmformate ist die Geschichte der Filmtechnik en miniature. —
Heute werden 70, 35, 16, 8 und Super-8-mm-Filme verwendet. Daneben gewinnt das aus Schweden kommende Super-16-mm-Format an Bedeutung.

Wie kam es zu diesen Formaten?

Für die Anfänge der Filmtechnik ist die Vielzahl der Filmformate kennzeichnend. Jeder Erfinder stellte seinen Film selbst her. Das Format wurde gewissermaßen sein »Markenzeichen«. Später wurde es zur Grundlage der Marktbeherrschung. Wer sein Filmformat durchsetzte, konnte auch die dazu notwendigen Geräte verkaufen, in denen andere Filmformate nicht zu verwenden waren.

Marey begann mit unperforierten Papierstreifen. Die Bilder waren 90 mm × 90 mm groß. Vor ihm verwendete Evans gemeinsam mit Friese-Green 63 mm breite Papierstreifen. Edison ließ in seinen Laboratorien erstmalig eine Studie über das optische Filmformat anfertigen und kam zum 35 mm breiten Film. So entstand das heute in der professionellen Filmtechnik und in den Fotoapparaten fast ausschließlich verwendete »Normalformat« mit vier Perforationslöchern pro Bild.

Die Brüder Lumière schnitten aus ihren Güssen auch 35 mm breite Streifen entsprechend den Kinetoskop-Filmen. Auf diesen Filmen nahmen sie 19 mm × 26 mm große Bilder auf. Je Bild stanzten sie ein Perforationsloch mit 2,8 mm Durchmesser; sie gingen aber sehr bald zur »Edison-Perforation« über.

»Biokam«-Film, Fa. Wrench, 17,5 mm

»Snap-shot-Camera«-Film, Fa. Hughes, 17,5 mm

»Taschen-Crono«-Film, Fa. Gaumont, 17,5 mm

»Kok«-Film (1912), Fa. Pathè, 28 mm

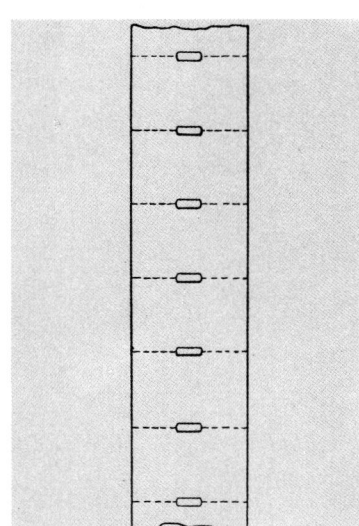
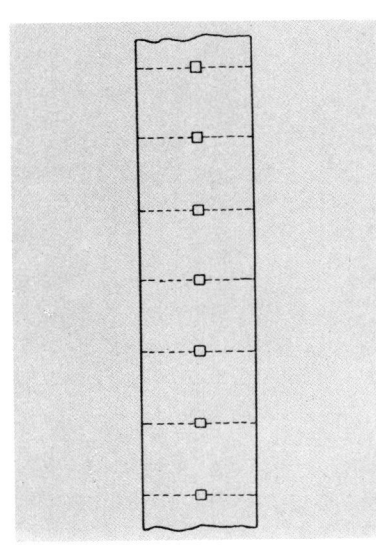
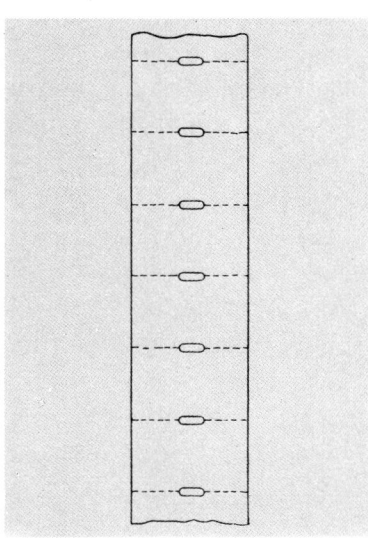
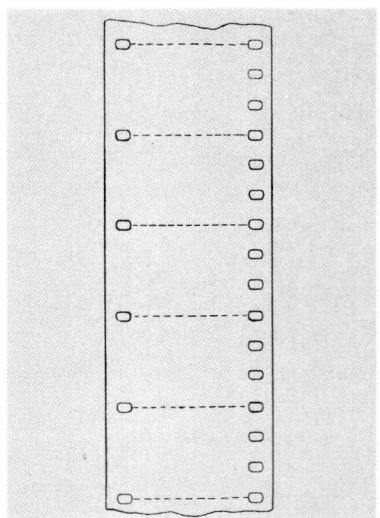

Demeny, der später mit Gaumont zusammenarbeitete, setzte 60 mm breiten Film ein, auf dem zunächst 50 mm × 45 mm später 35 mm × 45 mm große Bilder aufgezeichnet wurden. Es ist für die heute noch verwendete 70-mm-Technik interessant, was Demeny zur Begründung dieses Groß-Formates schrieb:

»Es ist möglich, mit ihm gute Projektionen ohne Verwendung des elektrischen Lichtes zu erzielen; man kann die Bilder bei der Projektion stark vergrößern und trotzdem ihre Klarheit und Schärfe in allen Einzelheiten bewahren. Auch ist die Kolorierung dieser Bilder leichter auszuführen, da die Details deutlicher sind.«

Casler setzte zunächst für Aufnahmen, die in seinem Mutoskop verwendet werden sollten, perforierten 70-mm-Film (!) ein. Die Bildhöhe betrug 50 mm. Nach Suhr (»Die Kameras« S. 145) soll Casler mit diesem Format 1897 bei Filmvorführungen im Wintergarten in Berlin großes Aufsehen erregt haben. Von Mai bis Oktober 1896 traten die Brüder Lumière auf der Gewerbeausstellung in Berlin auf. Zur gleichen Zeit gaben die Brüder Skladanowski ihre öffentlichen Vorführungen in Berlin auf und erschienen ab 15. 3. 1897 in Stettin. Sie hatten ihre Aufnahmen auf 50 mm breitem unperforiertem Film hergestellt. Das Bildformat betrug 40 mm × 50 mm. Sie perforierten ihre Filme nach der Montage der Einzelbilder mit Metallösen. Dost berichtet, daß Max Skladanowski ihm

selbst erklärt habe, daß sie die Filmvorführungen wegen der häufigen Filmrisse aufgegeben haben. Das mag wohl zutreffen.

Gaumont ging auch sehr bald zum 35-mm-Film über. Er verwendete ihn allerdings in der »Chrono«-Kamera als Amateurformat!

Amateurfilm! Das ist das Stichwort für einen sehr bald aufkommenden Zweig der Kinematographie. Was so viel Freude und Interesse beim reinen Zuschauen bereitete, das mußte sich auch als Mittel der Selbstbetätigung verkaufen lassen. — Unzählige Filmkameras und Projektoren unterschiedlichster Bauart mit den abenteuerlichsten Filmformaten überschwemmten den Markt. Noch heute werden ständig neue Typen — allerdings bei gleichbleibendem Filmformat — angeboten.

Der schon oft erwähnte Acres kam wahrscheinlich als erster auf den eigentlich sehr naheliegenden Gedanken, den 35-mm-Film zu teilen. Er entwickelte dazu die Filmkamera »Birtac«, die auch als Projektor und Kopiergerät verwendet werden konnte.

Die Idee, den inzwischen — wahrscheinlich auch durch Absprachen zwischen Eastman und Pathè — weltweit eingeführten 35-mm-Film längs und das Filmbild in der Höhe zu teilen, um einen Film mit zwei Perforationslöchern je Bild zu erhalten, war technisch und technologisch genial. Eine so einfache Lösung widersprach der Patent- und Geschäftslage. Wer in

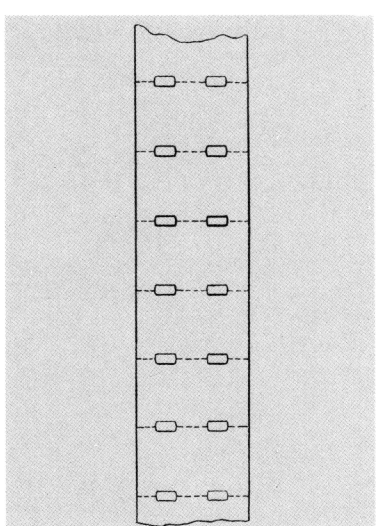

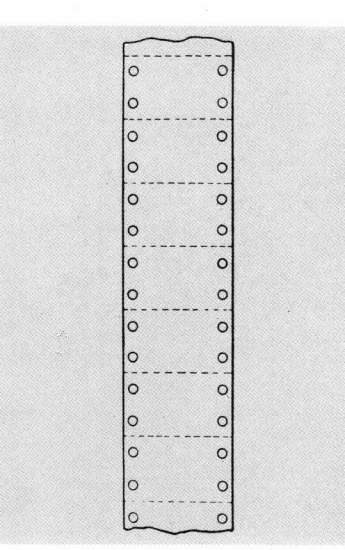

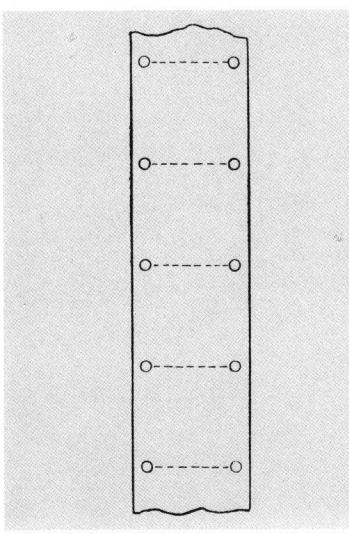

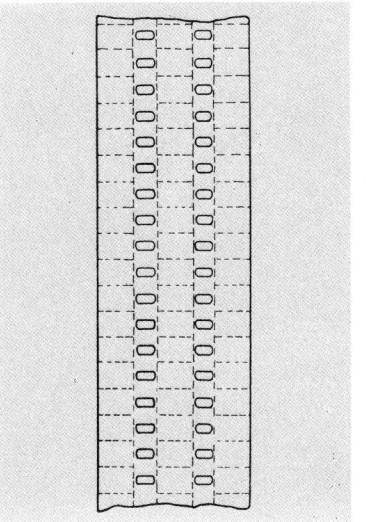

»Duoskop«-Film (1912), für Mutoskop, 17,5 mm

»Mouvette«-Film, Fa. Eastman, 17,5 mm

»Clou«-Film (1920), Österreich, 17,5 mm

»Edison«-Schmalfilm (1. Reihe vorwärts, 2. Reihe rückwärts, 3. Reihe vorwärts exponiert), 22 mm

das Schmalfilmgeschäft einsteigen wollte, mußte eigene Formate entwickeln und vertreiben. Das führte in der Folge zu immer neuen Filmabmessungen, von denen der Kuriosität halber einige vorgestellt werden sollen.

Die Londoner Firma Wrench und Co. blieb beim 17,5-mm-Film, verwendete aber eine zentrale Perforation mit runden Löchern. Die dazugehörige Filmkamera war die »Biokam«. Die ebenfalls in London ansässige Firma Hughes versah den 17,5-mm-Film mit quadratischer Zentralperforation. Eine eigene Filmkamera war selbstverständlich. — In Frankreich erschien 1900 von Reulos-Goudeau & Co. die »Mirograph«-Kamera; der 21-mm-Film hatte eine Perforation in Form von Einschnitten am Rande. Gaumont brachte die »Taschen-Chrono« auf den Markt; der Film war 15 mm breit und hatte Zentralperforation. — In Deutschland entwickelte die inzwischen Bedeutung erlangende Ernemann AG 1903 die Filmkamera »Ernemann-Kino«. Das Wort »Kino« soll in diesem Zusammenhang erstmalig verwendet worden sein! Der Film war 17,5 mm breit und hatte eine neuartige Zentralperforation.

Man könnte die Reihe noch beliebig fortsetzen. Interessant ist der »Format-Krieg« zwischen Eastman und Pathè. Eastman baute 1920 die »Movette« mit 17,5-mm-Film und zwei runden Perforationslöchern pro Bild. Dieser Film wurde erstmalig in einer Kassette geliefert und hatte

großen Erfolg. Pathè »konterte« mit einem ganz neuen Filmformat — 9,5 mm. Eastman antwortete mit dem 16-mm-Format, das sich durch sehr ökonomische Filmausnutzung auszeichnete. Es hat sich bis heute behauptet. Pathè versuchte es noch einmal mit dem 17,5 mm breiten Film. Inzwischen hatten sich aber auch andere Firmen auf das 16-mm-Format eingerichtet. Es wird zum Standard erhoben und ist damit nicht mehr zu verdrängen. Bereits 1932 ist die Filmqualität so weit verbessert worden, daß eine Teilung des 16-mm-Formates erfolgen kann. Eastman bringt den 8-mm-Film mit einseitiger Perforation unter erheblichem Reklameaufwand auf den Markt. In Europa wird bald darauf die Entwicklung durch den zweiten Weltkrieg erneut unterbrochen. Damit gewinnt die Eastman-Kodak-Company die Zeit, absolute Weltgeltung und Marktbeherrschung zu erreichen.

Zwanzig Jahre nach Einführung des 8-mm-Formats wird durch die Eastman-Kodak-Company das Super-8-mm-Format kreiert. Damit waren die heutigen Filmformate festgeschrieben. Es fehlt noch der 70-mm-Film.

Kurz nach dem zweiten Weltkrieg wurde das Fernsehen eingeführt. Dem Film entstand dadurch scheinbar eine ernstzunehmende Konkurrenz. Sie galt weniger der Filmtechnik und den Filmatelierbetrieben. Die stellten sich schnell darauf ein, die Filme für das Fernsehen zu produzieren. Gefährdet schienen die Filmtheater.

»Baby«-Film, Fa. Pathè, 9,5 mm

»Cine-Kodak-A«-Film, Fa. Eastmann, 16 mm

»Rural«-Film, Fa. Pathè, 17,5 mm

»Kodak-8«-Film, Fa. Eastmann, 8 mm (2 × 8 mm)

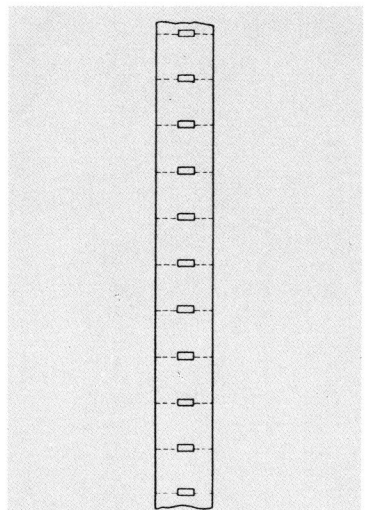

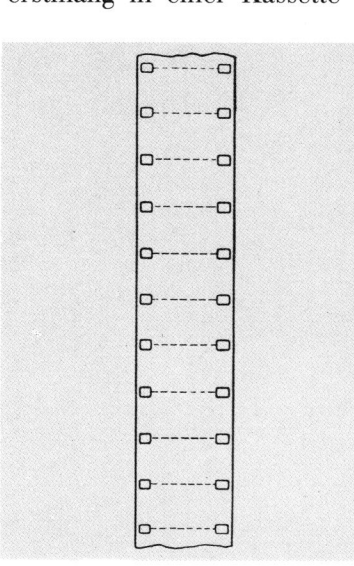

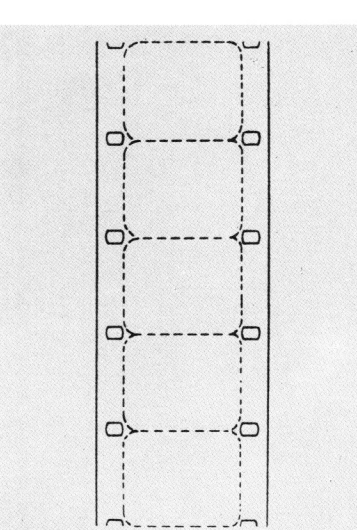

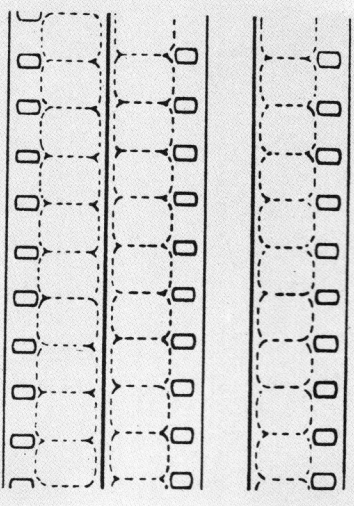

**Filmprojektor Ernemann I
1910 (leicht modernisiert)**
Dieser Typ mit der Bezeichnung
»Imperator« war in stationären
Filmtheatern häufig eingesetzt.

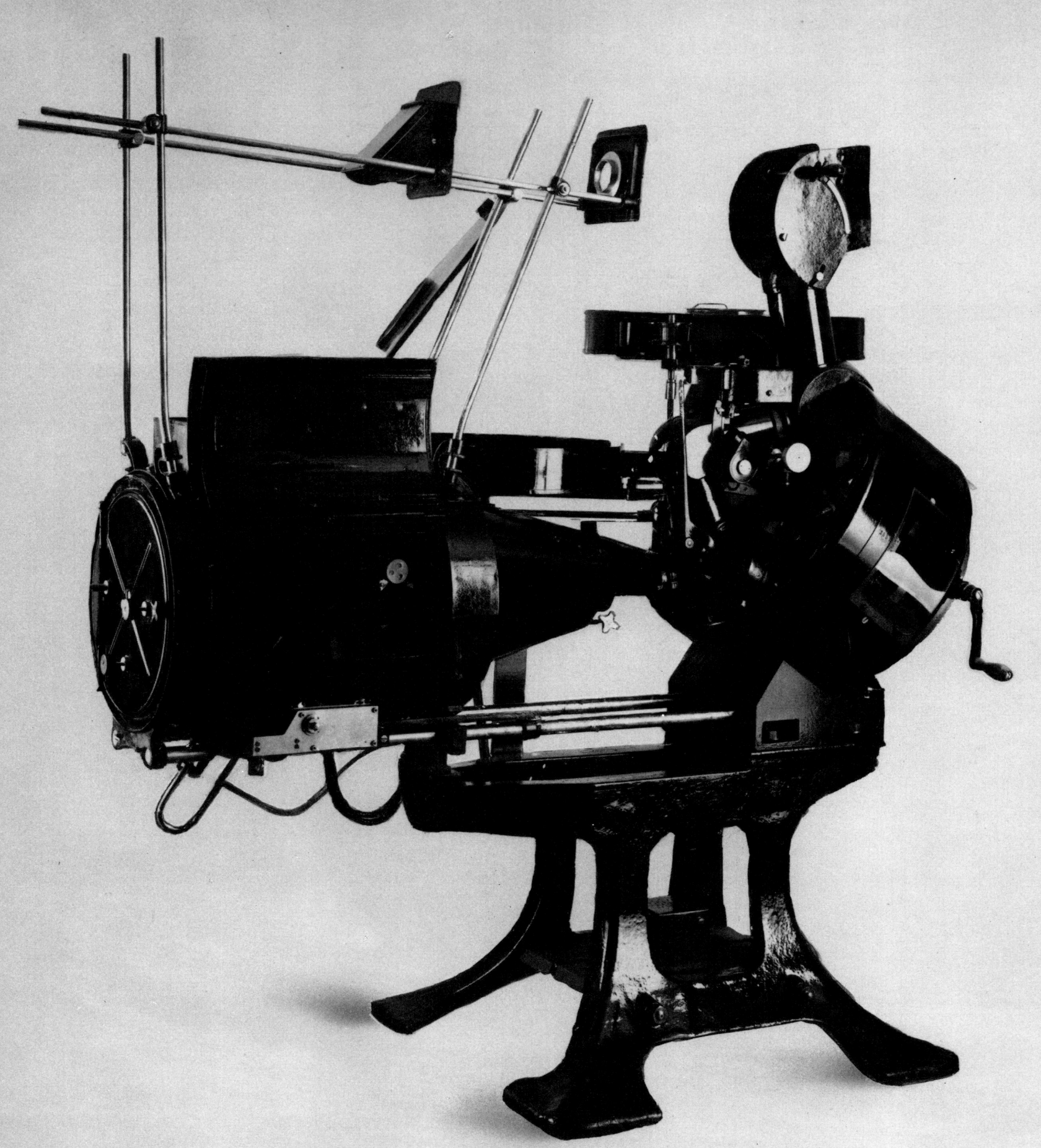

**Filmprojektor Ernemann II
1925**
Interessant ist die links neben dem
Projektor stehende Schallplatten-
Wiedergabeeinrichtung (Nadelton-
film).·

**Filmprojektor Mechau Modell III
um 1920**
Links das Lampenhaus, rechts der
Antrieb für kontinuierlichen Film-
lauf und den optischen Ausgleich.
Dieser originelle Fimprojektor war
bis in unsere Zeit der einzige
serienmäßig hergestellte Filmprojektor ohne Schrittschaltwerk.

**Filmprojektor Ernemann IV
1934**
Erstmalig mit Motorantrieb ausgerüstet. Das öldichte Projektorkopf-
Gehäuse, das mit dem Projektor
Ernemann II eingeführt wurde,
umfaßt noch mehr Baugruppen.
Das Lichttonteil konnte nachgerü-
stet werden.

**Filmprojektor Ernemann IV
(Ausschnitt)**
Filmprojektoren sind das Ergebnis
einer hochspezialisierten feinmechanisch-optischen Industrie. Deutsche Firmen waren bis zum
2. Weltkrieg führend auf diesem
Gebiet.

**Filmprojektor Mechau Modell III
(Ausschnitt)**
Der Spiegelkranz für den optischen
Ausgleich ist deutlich erkennbar.

Seite 95

**Filmprojektor Ernemann II
(Projektorkopf)**
Der Projektorkopf mit dem Malteserkreuzantrieb (hier noch Handan-
trieb), Bildbühne, Vor- und Nachwickelrolle und Objektiv ist das
Herzstück jedes Projektors.

Filmprojektor »Dresden« D1 (Ausschnitt)

Der Blick in den Projektorkopf gibt einen Eindruck von der feinmechanisch-optischen Präzisionsarbeit. Die Farbgebung entsprach den damaligen Vorstellungen.

Filmprojektor UP 700 um 1961 (Ausschnitt)

Der letzte in der DDR entwickelte und gebaute Filmprojektor. Ohne Umrüstung ist die Vorführung von 35- und 70-mm-Filmen möglich. Die Kohlebogenlampe gestattet die Ausleuchtung von Bildwänden mit 28 m Breite.

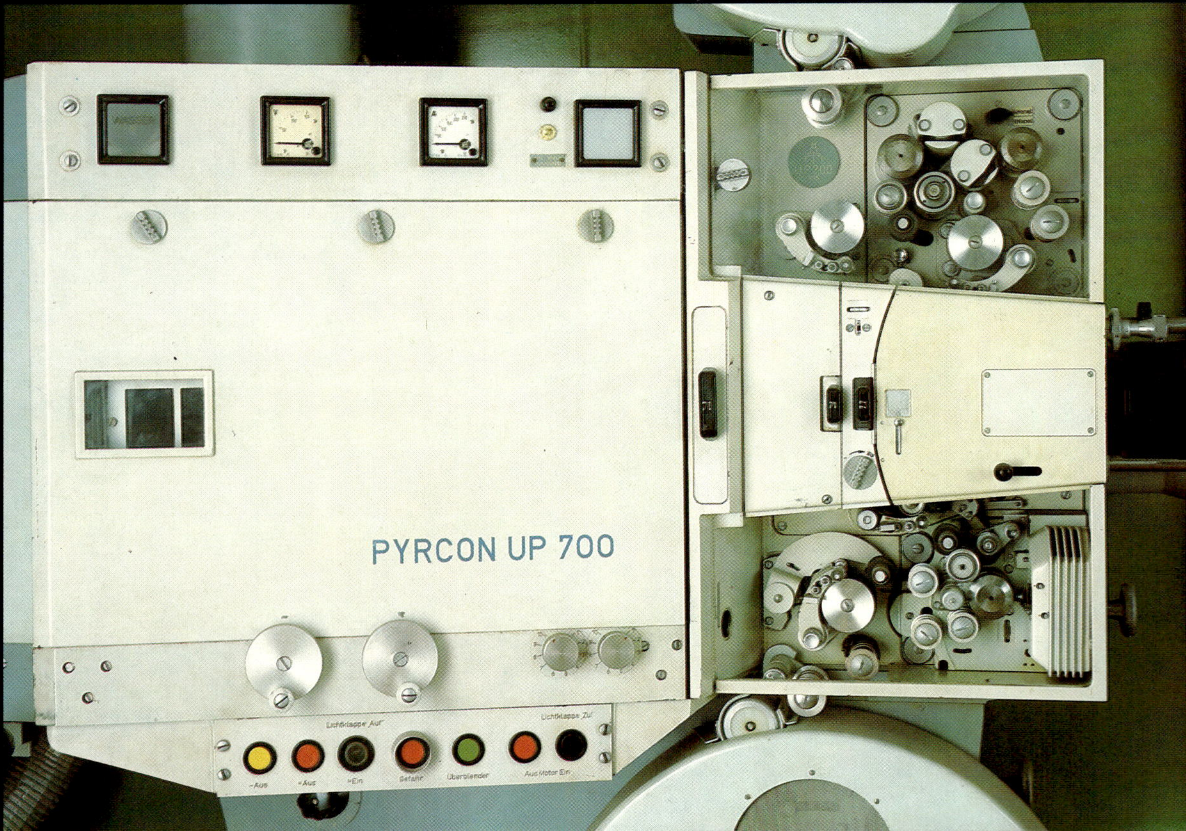

Seite 97

Filmprojektor Ernemann VII B um 1936

Dieser Projektor wurde bis 1951 in Dresden gebaut. Seine filmtechnischen Eigenschaften und seine fertigungstechnischen Qualitätsparameter gelten unter Fachleuten heute noch als beispielgebend.

Filmprojektor TK 35 um 1947
Lizenzbau des sowjetischen Projektors K-25 durch den VEB Carl Zeiss Jena. Mit dieser mobilen 35-mm-Technik wurde auf dem Gebiet der DDR der Landfilm aufgebaut.

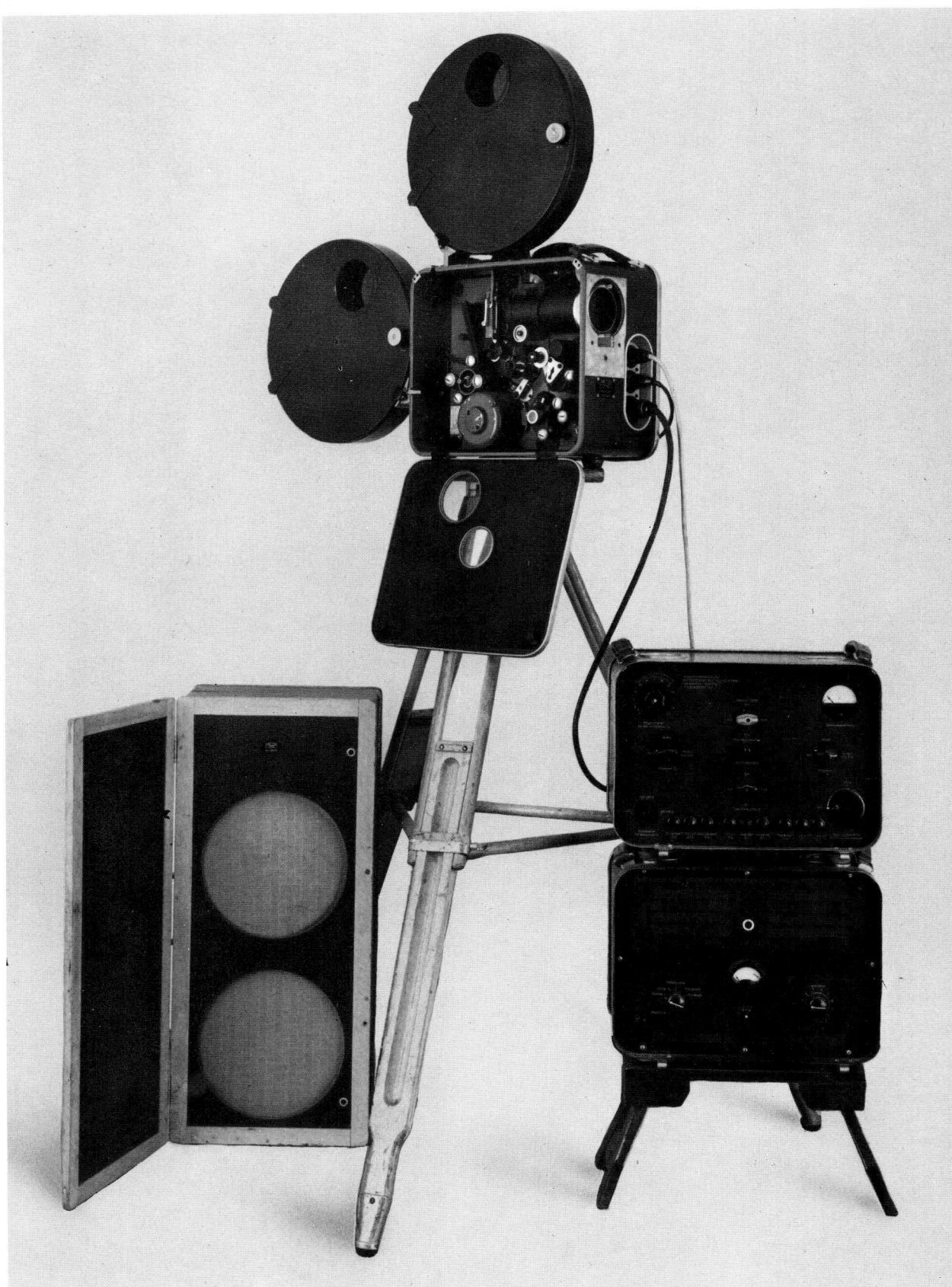

Filmprojektor »Dresden« D1 um 1951
Neuentwicklung des VEB Pentacon Dresden. Löste den Projektor Ernemann VII ab. Auffällig ist die konsequente Baugruppenkonzeption, die zu einer völlig neuen, geschlossenen äußeren Form führte.

Die Besucherzahlen gingen bedenklich zurück. Einige übereifrige Verfechter des Fernsehens prophezeiten sogar den völligen Untergang des Kinos.

Dieser Tendenz versuchte man in den USA und kurz darauf auch in anderen Ländern durch die Erhöhung des Anwesenheitseffektes zu begegnen — die Breitwand wurde wieder entdeckt. Es begann 1952 mit dem Cinerama-Verfahren, das bereits während des zweiten Weltkriegs von den Amerikanern für die militärische Ausbildung entwickelt worden war. Die Aufnahmen wurden mit drei Filmkameras gemacht, und drei Projektoren dienten der Bildwiedergabe. Dadurch erreichte man ein enorm breites Projektionsbild. Der erste Film dieser Art wurde mit großem Erfolg am 1.10.1952 in New York uraufgeführt. Er trug den Titel »This is Cinema«.

Die Technik war zu aufwendig und damit zu teuer, um mehr als ein kurzer Sensationserfolg zu sein. Deshalb erinnerte man sich der bereits 1898 von Rudolph entwickelten anamorphotischen Optik, die das Bild bei der Aufnahme in der horizontalen Ebene komprimiert und bei der Projektion wieder entzerrt. Damit konnte auf dem Normalfilmformat ein Bild aufgenommen werden, das in seiner Wirkung bei der Projektion dem Cinerama-Verfahren sehr ähnlich ist. Verbunden mit einer Vier-Kanal-Tontechnik sorgte dieses Verfahren ab 1953 für Schlagzeilen. Am 19.4.1953 wurde der Hollywood-Film »The Robe« nach diesem Prinzip uraufgeführt. In Amerika nannte man diese Filme Cinema-Scope. Die DEFA stellte mit gleicher Technik Filme unter der Bezeichnung Totalvision her.

Zwei Jahre später machte der Amerikaner Todd mit dem Todd-AO-Verfahren Schlagzeilen. Offensichtlich hatte er sich der Anfänge der Kinematographie erinnert. Es handelte sich um nichts anderes als um die Wiederentdeckung des seit Casler bekannten 70-mm-Films, der allerdings mit sechs Tonkanälen versehen wurde.

Das Circorama (Rundumkino) und Versuche mit räumlicher Bildwiedergabe — aus der Geschichte seit langem als Anaglyphenverfahren bekannt — folgten. Es könnten noch einige Verfahren genannt werden. Sie brachten aber außer ihren exotischen Namen keine wesentlichen technischen Neuerungen.

Ladenkino »Das lebende Bild« um 1903
Typisch für die ersten stationären Filmtheater. Im Eingang der Inhaber (rechts mit Hund) mit seinen Mitarbeitern.

**Ladenkino »Apollo-Kino«
um 1910**
Interessant ist die Reklamezeile mit
dem Hinweis »Tonbild-Theater«.
Hier wurden also bereits zu Schall-
platten synchron aufgenommene
Filme gezeigt.

**Ladenkino »Gaité-Palace« Paris
um 1910**
Ob sich hinter dem Eingang bereits
ein »Palast« befand, ist nicht zu
überprüfen; äußere Aufmachung
und Reklame sind aber durchaus
bemerkenswert.

**Filmtheater »Union-Theater«
1910**
Dieses Filmtheater (Unter den
Linden 12) ist interessant, weil in
diesem Haus O. Messter seine
ersten lebenden Tonbilder (zur
Schallplatte synchronisierte Filme)
vorführte.

**Filmtheater »Gaumont-
Palace« – Paris 1911**
Mit Filmtheatern dieses Stils
begann der Bau theaterähnlicher
Filmpaläste, die in ihrer Ausstattung sehr hohen Ansprüchen
gerecht wurden, herkömmlichen
Theatern sehr ähnlich waren und
den Filmbesuch auch äußerlich zu
einem kulturellen Erlebnis
machten.

**Filmtheater am Nollendorf–
platz – Berlin 1910**
Das erste bekannte freistehende
Filmtheater, mithin der erste Bau,
der ausschließlich als Filmtheater
konzipiert wurde. Architekt:
O. Kaufmann.

**Filmtheater »Atrium« –
Berlin 1920**
Ein typisches Beispiel für den
»Theater«-Stil, der bereits in der
Fassade deutlich erkennbar ist.

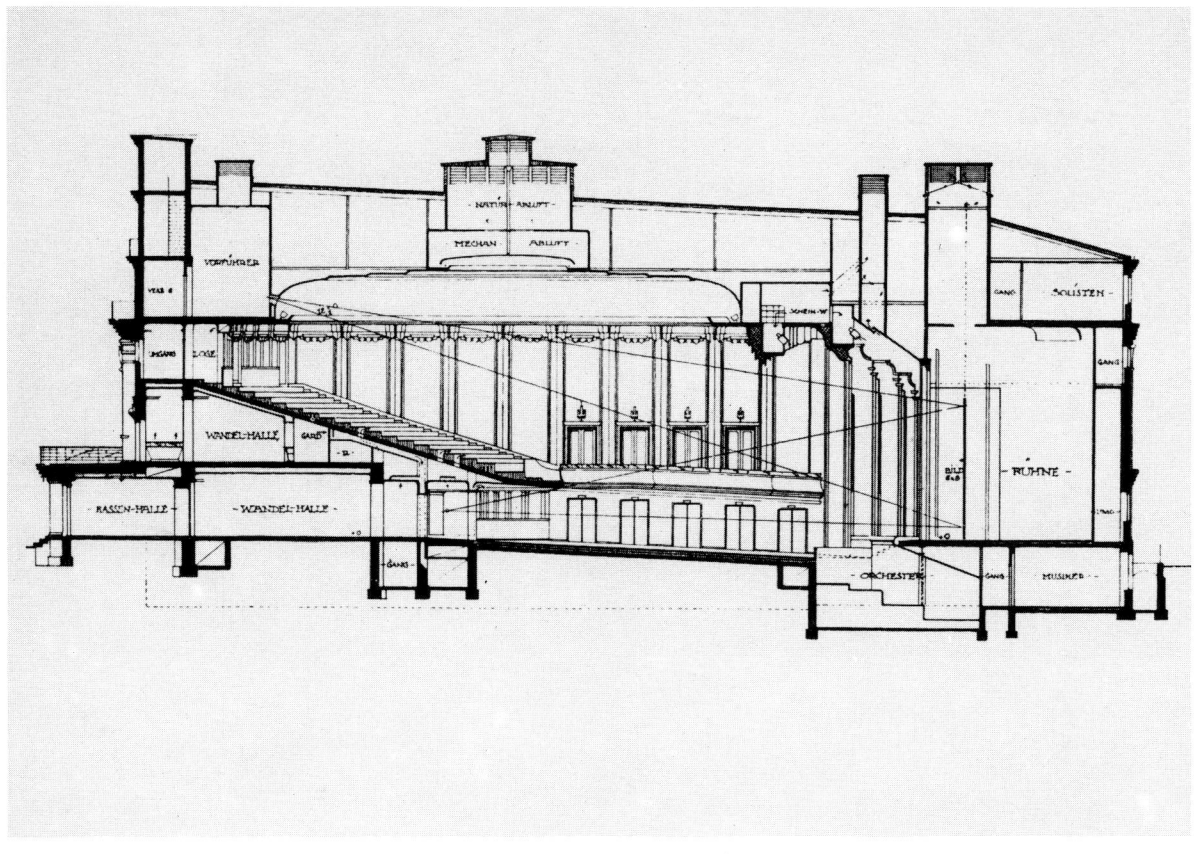

Filmtheater »Atrium« (Schnitt)
Der Querschnitt macht den »Thea-
terbau« noch deutlicher: Die filmtechnischen Einrichtungen
bestimmen nicht die Innenarchitektur — die Vorführräume (links
oben) sind viel zu hoch angeordnet, der Neigungswinkel der
Projektoren zur Bildwand ist zu
groß.

**Filmtheater »Gloria-Palast« –
Berlin 1926**
In der Innenarchitektur dem
Theater noch verwandt, ist schon
deutlich das Bemühen zu
erkennen, eine filmtheatereigene
Konzeption zu finden. Die Bühne
war für szenische Darstellungen
mit Kuppelhorizont, Wolkenma-
schine u. a. ausgerüstet. Orchester-
graben für 30 Musiker!

**Filmtheater »Universum« –
Berlin 1928**
Dieses zum UFA-Konzern gehörende Filmtheater am Kurfürstendamm ist ein Beispiel für den
gelungenen Versuch, dem Filmtheater eine eigene — von anderen
Kulturbauten abgesetzte — äußere
und innere Form zu geben. Architekt: Erich Mendelsohn. 1 791 Sitzplätze, 100 m² Bühne, Orchester-
graben für 20 Musiker.

**Filmtheater »Universum« –
Innenansicht**
Die Bildwand hatte eine Breite
von 7 m.

Alle diese Filmverfahren sind heute fast völlig in Vergessenheit geraten. Der 35-mm-Film beherrscht wieder die professionelle Filmtechnik. Es ist nicht gelungen, den sehr aufwendigen und bei Aufnahme, Bearbeitung und Wiedergabe kompliziert zu handhabenden Techniken einen entsprechenden künstlerischen Inhalt zu geben. Der Aufwand stand in keinem Verhältnis zum Nutzen. Der Sensation folgte meist sehr rasch die Ernüchterung. Der Herausforderung Fernsehen war *so* nicht zu begegnen. Inhaltliche und technische Qualität waren gefordert und wurden in den Folgejahren mit Eifer gesucht und gefunden. Heute existieren Film und Fernsehen nebeneinander und ergänzen sich. Das Filmtheater wird vom Publikum wiederentdeckt. Die Zuschauerzahlen sind international stabil oder steigend. Dazu hat auch der Farbfilm beigetragen. Seine Entwicklung soll noch kurz geschildert werden.

**Filmtheater »DEFA 70« –
Potsdam-Babelsberg 1965**
Beispiel für eine Innenarchitektur, die von optimalen filmtechnischen Bedingungen ausgeht: Breiter und nicht zu tiefer Zuschauerraum, großer Abstand der ersten Zuschauerreihe von der Bildwand, geringer Neigungswinkel der Projektoren, optimale Sitzplatzüberhöhung, raumakustisch und farblich optimierte Innenausstattung

**Filmtheater »DEFA 70« –
Blick zur Bildwand**
Die 12 m breite Bildwand ist für die Vorführung aller Filmformate (bis 70 mm) ausgelegt. Das zum VEB DEFA-Studio für Spielfilme gehörende Gebäude wird werktags als Film-Mischatelier genutzt; dazu dient das in der Mitte des Raumes angeordnete Tonregiepult.

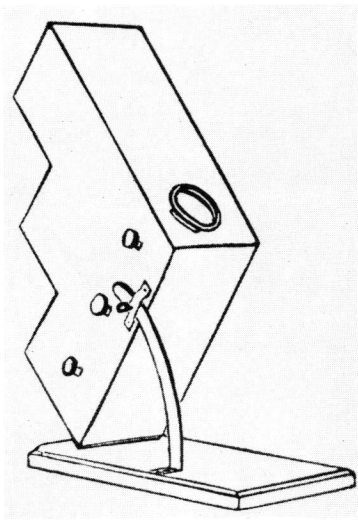

Photopolychromoskop
Betrachtungsgerät für additive
Farbdiapositive (gleichzeitige
Betrachtung von drei Farbaus-
zügen) von Zink 1893

Heliochromoskop
Betrachtungsgerät für additive
Farbdiapositive von Ives 1892.

Farbfilm

1941 entstand der erste kommerziell genutzte
Agfa-Color-Farbfilm mit dem Titel »Frauen sind
doch bessere Diplomaten«. Das Jahr 1941 wird
deswegen als das Geburtsjahr des Farbfilms in
Deutschland angesehen.

Heute werden in den meisten Filmstudios der
Welt ausschließlich Farbfilme für Filmtheater
und Fernsehen hergestellt. Der Schwarzweiß-
film ist scheinbar vergessen.

Seit Menschen Informationen austauschen, sind
sie bemüht, Informationsgehalt und emotionales
Erleben mit Hilfe der Farbe zu erhöhen. Es lag
und liegt diesem Bemühen wohl auch das dem
Menschen innewohnende Vollständigkeitsstre-
ben zugrunde. Danach ist eine Abbildung erst
vollkommen, wenn sie farbig, räumlich und aku-
stisch vom Vorbild nicht zu unterscheiden ist,
das heißt, die vollständige Illusion der Realität
vortäuscht. Es hat sogar an Versuchen nicht ge-
fehlt, den Geruchssinn bei der Filmvorführung
einzubeziehen. 1959 wurde in Amerika der
Aromarama-Film »Behind the Great Wall« uraufgeführt. Ähnliche Verfahren nannten sich
Smell-O-Vision, Odorovision oder Senso-
rama!

Wie wurde der Farbfilm technische Realität?

Die Geschichte des Kinefilms ist unmittelbar
mit der Geschichte der Fotografie verbunden.
Die Geschichte des Farbfilms ist deshalb die
Geschichte der Farbfotografie. Eder, Kleffe u. a.
haben ihren komplizierten Weg ausführlich beschrieben. Deshalb wird hier nur eine kurzge-
faßte filmbezogene Darstellung des Werdegan-
ges skizziert.

Bereits die ersten Daguerreotypien, Edisons Ki-
netoskopfilme und Filme von Demeny und anderen wurden mit Staubfarben von Hand koloriert oder durch Lichtfilter unicolor vorgeführt.
Handkolorierte Filme: Heute undenkbar —
selbst zu damaliger Zeit, als die Filme noch sehr
kurz waren, eine unzumutbar erscheinende
Aufgabe.

Seit der Erfindung der Fotografie wurde nach
Methoden gesucht, mit denen eine direkte Farb-

aufnahme möglich sein könnte. Kein Geringerer
als Gay Lussac sagte in seinem Gutachten zur
Vorlage des Gesetzes über die Staatspension für
Nièpce und Daguerre am 30.7.1839 in der Pariser Pairskammer (nachzulesen bei Eder):

»Wir wollen übrigens gleich anfangs bemerken,
ohne jedoch das Verdienst dieser schönen Erfindung irgend verringern zu wollen, die Palette
des Malers ist nicht sehr reich an Farben,
Schwarz und Weiß allein bilden dieselbe. Das
Bild mit den natürlichen und abwechselnden
Farben wird lange Zeit, vielleicht auf immer,
eine unbeantwortete Anforderung an den
menschlichen Scharfsinn bleiben. Wir wollen
uns aber nicht vermessen, damit unüberschreit-
bare Grenzen zu errichten; die Erfindung des
Herrn Daguerre zeigt eine neue Reihe von Möglichkeiten.«

Die ersten Gedanken waren auf die direkte
Farberzeugung bei der Exposition der lichtempfindlichen Stoffe gerichtet. Es ist ein naheliegen-
der Gedanke, Stoffe zu suchen, die das Licht
der jeweiligen Spektralfarbe annehmen. Das Na-
heliegende ist selten auch das Erfolgverspre-
chende. Alle Versuche in dieser Richtung blieben erfolglos.

Aufgrund zufälliger Beobachtungen und angeregt durch die bekannten Erscheinungen der
Newtonschen Ringe, versuchte man zunächst
die Interferenzerscheinungen zu nutzen. Tatsächlich wurden mit sehr dünnen, feinstkörni-

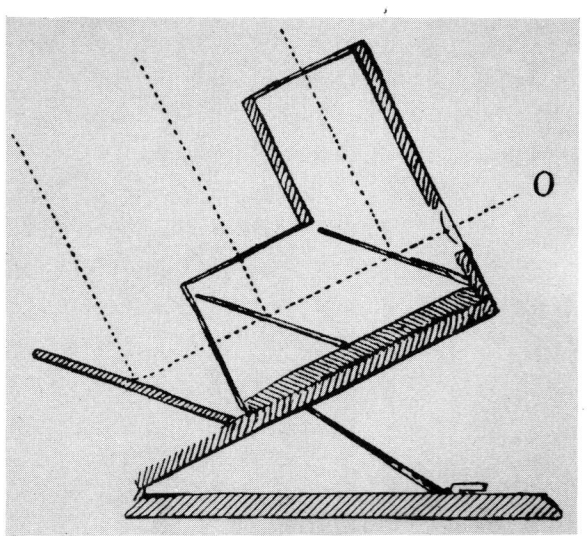

gen Schichten von Silberhalogeniden auf glänzenden Unterlagen sehr gute Farbfotografien hergestellt. Becquerel (1848), Nièpce de Saint Victore (1863) und Lippmann (1891) vervollständigten dieses Verfahren. Die Heliochromie — wie diese Methode auch genannt wurde — soll auf der Weltausstellung 1900 in Paris Aufsehen erregt haben. Die Heliochromie war so kompliziert und lichtunempfindlich, daß sie wenig später aufgegeben wurde. Für den Film kam sie nicht zur Anwendung.

Bereits Antonius de Dominis hat in seinem 1611 in Venedig erschienenen Buch »De radiis pisus et lucis in vitris perspectivis et tride« festgestellt, daß das natürliche weiße Licht und alle Farben aus den drei Grundfarben Rot, Grün und Violett zusammengesetzt werden können. Der englische Physiker Maxwell wandte diese Erkenntnis erstmalig auf die Fotografie an. Anläßlich eines Vortrages über die »Theorie der drei Grundfarben« am 17. 5. 1861 in der Royal Institution in London führte er ein Experiment vor, bei dem drei hinter blauen, grünen und roten Filtern aufgenommene Fotografien gleichzeitig und deckungsgleich über die selben Farbfilter vorgeführt wurden. Der Farbeindruck war überzeugend. Das Verfahren fand sehr rasch Verbreitung, und viele Nachahmungen wurden bekannt.

Es ist erstaunlich, wie stark Autoritäten über lange Zeit die Entwicklung in einer ganz bestimmten Richtung beeinflussen können. Alle bis 1936 angestellten Bemühungen zur Farbfilmherstellung verfolgten fast ausnahmslos das Ziel, dieses additive Verfahren zu verbessern. Selbst als das neue wesentlich erfolgversprechendere subtraktive Verfahren bekannt war, ist man noch 25 Jahre diesen Weg gegangen.

In der Geschichte des Farbfilms spielt Ducos du Hauron eine dominierende Rolle. Ducos du Hauron und sein Landsmann Cros beschäftigten sich ausführlich mit dem additiven Farbverfahren. Ducos du Hauron tat im Grunde nichts anderes als Maxwell. Ihm kam aber zugute, daß Vogel bereits die Sensibilisierung der Silberhalogenide für das ganze sichtbare Spektrum des Lichtes gelungen war. Dadurch waren die Probleme bei der Herstellung der Grün- und vor allem der Rotauszüge wesentlich geringer. Noch zu Maxwells Zeiten waren die fotografischen Schichten fast ausschließlich blauempfindlich. Für die Wiedergabe seiner Farbaufnahmen konstruierte Ducos du Hauron einen Dreifachprojektor.

Entscheidend für den Erfolg von Ducos du Hauron war nicht nur die Zielstrebigkeit seines Vorgehens, sondern auch das Bemühen, das erkannte Problem in möglichst großer Breite zu bearbeiten. Ein Grundsatz, der auf die Dauer mehr Erfolg verspricht, als die allzu zeitige Spezialisierung auf ein erfolgversprechendes Teilergebnis. Ducos du Hauron war auch nachweislich der Erste, der das Rasterverfahren vorschlug, auf das später noch eingegangen wird.

Das additive Farbverfahren wurde weiter verfolgt von dem Amerikaner Ives (1888), dem Franzosen Vidahl (1892) und dem Amtsnachfolger von Vogel an der Technischen Hochschule Berlin Miethe. Miethe entwickelte 1902 eine Strahlenteilungskamera, mit der die drei Farbbilder gleichzeitig aufgenommen werden konnten. Der Berliner Kameratischler Bermpohl hat diese Kamera verbessert und gebaut. Für die Wiedergabe verwendete Miethe einen Dreifachprojektor.

Die Überlieferung besagt, daß auf der Grundlage dieses Verfahrens Isensee 1897 in Berlin erstmals eine Farbfilmvorführung veranstaltet haben soll. Die den drei Farben entsprechenden Bilder sollen hintereinander auf dem Film angeordnet gewesen sein. Sie wurden durch rasch gewechselte Filter projiziert. Da die Mindestbildfrequenz für eine vollständige Bewegungsillusion 16 Bilder in der Sekunde beträgt, muß Isensee 48 Bilder je Sekunde vorgeführt haben. Das ist mit einem Malteserkreuzgetriebe zu damaliger Zeit ein sehr kompliziertes Unterfangen gewesen.

1912 — einige Quellen geben bereits 1906 an — versuchte Smith diese Schwierigkeiten zu umgehen, indem er zum Nachteil der Farbqualität mit den zwei Farben Rot und Grün arbeitete.

Louis Ducos du Hauron

* 1837
† 1920

Grundsätzliche Arbeiten zur Farbfilmherstellung und -anwendung. Schlägt gleichzeitige Vorführung von drei Diapositiven in den Grundfarben Rot, Gelb und Blau vor. 1862 erste Mitteilung darüber an Le Lut (Mitglied der französischen Akademie der Wissenschaften). 1868 erste praktische Ergebnisse. 7. 5. 1869 Mitteilung an die Französische Vereinigung für Photographie. Zusammenfassung seiner Arbeiten in dem Buch »Les couburrs en Photographie«. Gab 1869 Photochromaskop (Farbdiapositivbetrachter) und Projektor für Farbbilder bekannt. 15. 12. 1874 auf beide Einrichtungen französisches Patent Nr. 105881 erteilt. Beschreibt die Camera Heliochromatique, mit der gleichzeitig drei Farbauszugsbilder in den Grundfarben aufgenommen werden können. 1897 Erfindung des Tripack-Verfahrens. 1894 Erfindung des Anaglyphenverfahrens — stereoskopisches Sehen mit zweifarbiger Brille. Erhielt für seine Leistungen von der französischen Regierung eine jährliche Rente von 1 200 France. Wird als »Vater des additiven Farbfilms« bezeichnet. Trotz vielseitiger, grundlegender Erfindungen bleibt er arm, da die Realisierung seiner Gedanken noch nicht möglich war.

Adolf Miethe

* 24.5.1862 Potsdam
† 5.5.1927 vermutlich Berlin

Sohn des Potsdamer Stadtrates Albert Miethe. Studium der Physik, Mathematik und Astronomie in Berlin und Göttingen. Promotion in Göttingen. 1887 Hilfsassistent am astrophysikalischen Observatorium in Potsdam – Sachgebiet Fotografie in der Astronomie. 1889 wissenschaftlicher Mitarbeiter bei Harnack in Potsdam. Danach tätig in den Optischen Anstalten Schulze und Bartels in Rathenow. Dort Entwicklung eines Teleobjektivs. Ab 1894 wissenschaftlicher Mitarbeiter bei Voigtländer in Braunschweig. 1899 – nach dem Tod von Vogel – Professor für Fotochemie und Spektralanalyse und Leiter der Sternwarte an der Technischen Hochschule Berlin. Einführung des Magnesiumblitzes mit Gaedicke. Redigierte »Photographische Nachrichten« beim Verlag Knapp in Halle. Gemeinsam mit Traube Entdeckung des Äthylrot als Sensibilisator. Mit Goertz Erfindung eines Projektionsapparates für additive Farbbildprojektion. 1920 Gründung der Kinotechnischen Gesellschaft in Berlin.

Die Bildfrequenz betrug nur noch 32 Bilder je Sekunde. Er soll eine »gute Presse« gehabt haben. Vielleicht wurde die gute Meinung auch dadurch unterstützt, daß er einen Film von der Krönung Georg IV. zum Kaiser von Indien zeigte. Es ist erstaunlich, mit welchen Unzulänglichkeiten sich das Publikum abfindet, wenn der Inhalt interessant ist. Dieser Satz ist nicht umkehrbar!

Smith nannte sein Verfahren Kinemacolor. Wie viele Begriffe sind im Verlauf der Geschichte der Filmtechnik geprägt und wieder vergessen worden?! 1913 trat Gaumont mit dem additiven System Gaumontcolor an die Öffentlichkeit. Die drei Farbauszüge wurden von einer Filmkamera mit drei Objektiven untereinander aufgenommen und gleichzeitig in einem Spezialprojektor vorgeführt; dazu war ein Tripelobjektiv notwendig. Das Problem der Bildfrequenz war damit zu Lasten der Bildgröße und der Bildqualität (Schärfe) gelöst.

Jenseits des Ozeans arbeitete Eastman an einem Zweifarbenverfahren nach Smith. Die Farbauszüge waren Blaugrün und Rotorange. Die beiden Bilder waren nebeneinander auf dem Film angeordnet. Der Film kam 1915 auf den Markt.

Im gleichen Jahr wurde der erste bei der Technicolor-Motion-Picture-Company hergestellte Farbfilm »The gulf between« uraufgeführt. Zu seiner Herstellung wurde ein modifiziertes Additivverfahren nach Kalmus verwendet. — Kalmus entwickelte eine Strahlenteilungskamera. Die damit erhaltenen drei Farbauszugsfilme wurden fotochemisch so bearbeitet, daß sie eine reliefartige Oberfläche erhielten, deren höchste Erhebung der größten Farbsättigung entspricht. Mit diesen Filmen wurde in den drei Grundfarben auf Kinefilm gedruckt(!). Die Methode ist noch heute — obwohl die Auszüge vom »normalen« Drei-Schichten-Farbnegativ-Film hergestellt werden — anderen qualitativ überlegen. Das Endprodukt ist wegen der Spezialbearbeitung etwas teurer als ein üblicher Farbfilm. Die Vervielfältigung ist nur in speziell dafür ausgerüsteten Kopierwerken möglich. Ein ähnliches

Verfahren wurde 1936 in der UdSSR mit der Bezeichnung Hydrotypie entwickelt.

Mit der Hydrotypie und dem Technicolorfilm hat sich das additive Farbfilmverfahren von Maxwell über die grundsätzlichen Arbeiten von Ducos du Hauron und Miethe bis heute erhalten.

Es wurde bereits darauf hingewiesen, daß Ducos du Hauron noch einen zweiten Weg für die Herstellung von Filmen auf dem additiven Prinzip vorgeschlagen hat. Es ist das Rasterverfahren, das im grundsätzlichen Aufbau der Wirkungsweise der Farbfernsehröhre entspricht. Ducos du Hauron hatte die Idee, vor die lichtempfindliche Schicht ein feines Raster in den drei Grundfarben zu legen, dessen Einzelheiten bei normaler Betrachtung vom Auge nicht aufgelöst werden können. Das Raster erscheint grau. Belichtet man diese Platte, dann wird die lichtempfindliche Schicht hinter dem Raster entsprechend den Elementarfarben belichtet. Durch die von Joly seit 1862 bekannte Umkehrentwicklung entsteht dadurch ein Farbdiapositiv.

Die Lumières entwickelten auf diese Weise 1902 die Autochromplatte. Als Raster verwendeten sie in den drei Grundfarben eingefärbte Stärkemehlkörner, die gut vermischt in dünner Schicht auf die Platte aufgetragen wurden. Die Qualität solcher Autochromplatten war überraschend gut. Die Agfa versuchte nach 1916 dieses Verfahren industriereif zu machen. Das ist nicht gelungen. Es wurde daher für den Film nicht wirksam.

Lippmann hatte zu dieser Zeit — angeregt durch andere — bereits eine Abwandlung vorgeschlagen. Danach wurden hinter oder vor der fotografischen Schicht viele kleine Linsen angebracht, die das Licht von drei gleichzeitig vor dem Objektiv angeordneten Farbfiltern in die lichtempfindliche Schicht streuten. Keller und Dobrian griffen dieses Verfahren 1908 auf und führten nach vielen Versuchen 1922 ihren ersten Film vor. Eastman kaufte 1928 die Patente. Die Agfa verfolgte diesen Weg mit Zylinderlinsen. 1935 erschien der Versuchsfilm »Das

Schönheitspflästerchen«. Die technologischen und technischen Probleme bei Aufnahme, Bearbeitung und Wiedergabe besonders aber das durch die Zylinderlinsen herabgesetzte Auflösungsvermögen (Schärfe) standen einer weiteren praktischen Auswertung entgegen.

Fischer erfand 1911 das subtraktive Farbverfahren. Es beruhte auf einem gänzlich anderen Prinzip. Die Patente wurden 1913 erteilt. In diesen Patenten ist der heute fast ausschließlich verwendete Drei-Schichten-Farbfilm beschrieben.

Eine vereinfachte Erklärung der beiden Farbverfahren sei zum besseren Verständnis an dieser Stelle versucht:

— Beim additiven Farbverfahren wird aus farbigen Vorlagen in zwei oder mehr Grundfarben weißes Licht, wenn die Vorlagen gleiche Farbdichte haben. Die Farbkomponenten werden also addiert. Zum Beispiel Blau + Gelb = Weiß.

— Beim subtraktiven Farbverfahren werden aus weißem Licht durch Filterung, d. h. Subtraktion von Farbkomponenten einzelne Farben erzielt. Zum Beispiel

$$\text{Grün} = (\text{Blau} + \text{Gelb} + \text{Rot}) - \text{Rot}$$
$$= \text{Weiß}$$

Anders ausgedrückt werden beim additiven Farbverfahren farbige Lichtstrahlen zur Deckung gebracht (addiert). Beim subtraktiven Farbverfahren wird aus einem weißen Lichtstrahl das gewünschte farbige Licht durch Filterung gewonnen (subtrahiert).

Das subtraktive Farbfilmverfahren von Fischer beruht auf zwei Grundgedanken:

— Die Farbkomponenten werden gleichzeitig mit der Entwicklung des Silberkorns in der Schicht gebildet. Dies gelingt mit Hilfe anorganischer Substanzen.

— Die Farben werden subtraktiv in drei übereinanderliegenden Schichten hervorgerufen. Dadurch entstehen, wenn keine Umkehrentwicklung angewendet wird, zunächst die Komplementärfarben der drei Grundfarben, d. h. Blau erscheint Gelb, Grün erscheint Purpur und Rot

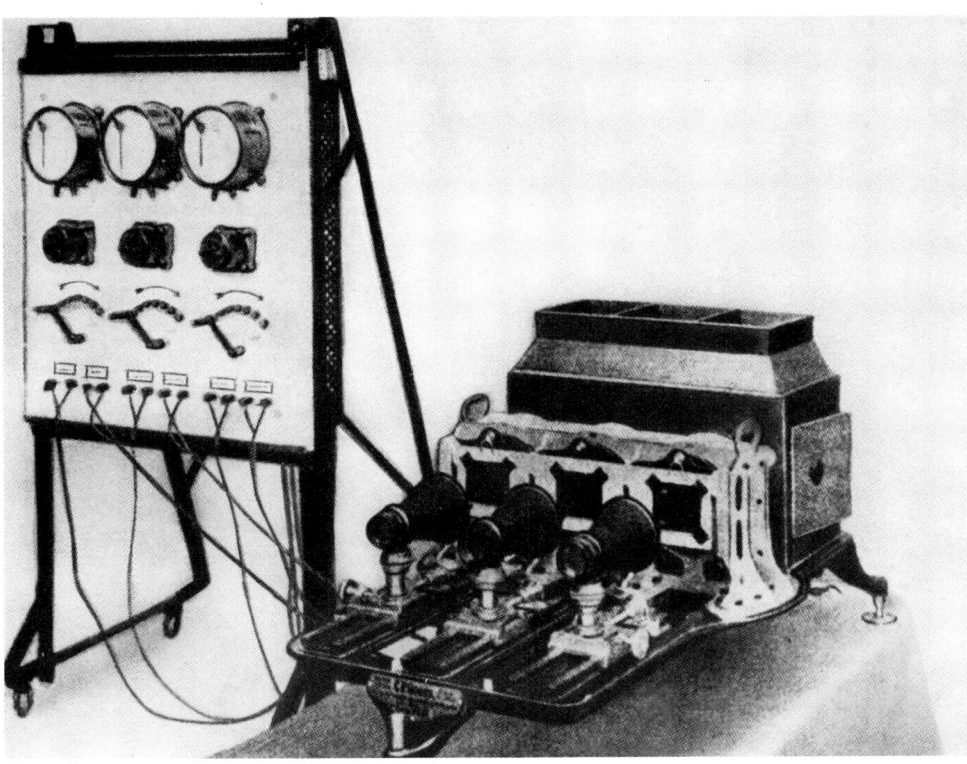

Dreifach-Diaprojektor nach Miethe 1902
Drei Farbauszüge werden deckungsgleich projiziert und ergeben durch Addition der Farben eine natürliche Farbwiedergabe.

erscheint Blaugrün. Durch Kopierung entsteht daraus das Positivbild in den Originalfarben.

Mit diesem chemisch komplizierten Vorgang konnten alle Nachteile des additiven Farbverfahrens vermieden werden.

Erst nach Ablauf der Fischer-Patente wurde dieser Farbfilm von der Eastman-Kodak-Company 1935 als Kodachrom und 1936 von der Agfa gefertigt. Die Versuchsproduktion wurde in Wolfen 1936 aufgenommen. 1939 konnten die ersten Filme für die Kino-Filmproduktion auf den Markt gebracht werden.

Durch den zweiten Weltkrieg verzögerte sich die Herstellung des ersten Spielfilms, der erst 1941 mit dem Titel »Frauen sind doch bessere Diplomaten« uraufgeführt wurde.

In Wolfen gelang es noch während des Krieges, die anfänglich bei 6 DIN liegende Empfindlichkeit auf 13 DIN zu steigern. 1954 wurden 17 DIN erreicht. Damit war die Filmfabrik Wolfen lange Zeit führend. Seit 1964 führt sie das Warenzeichen ORWO-Color.

Film ist nicht nur Fotografie.
Film ist Bild und Ton. Aber …

Der Ton
hat es schwer

Nadelton · Lichtton
Magnetton

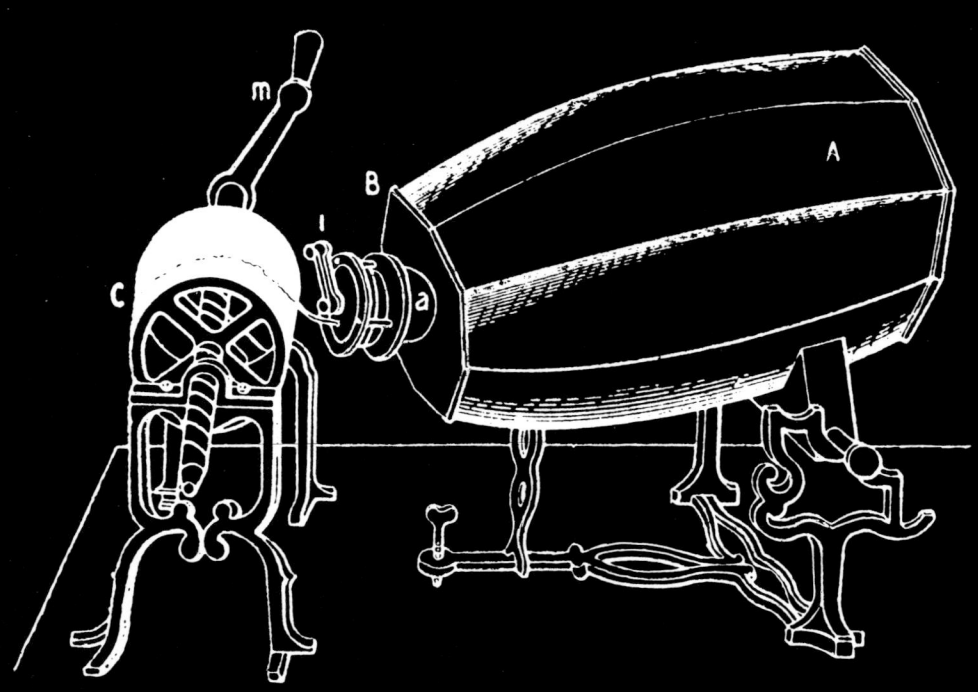

Die Stimmen, die der Filmkunst bei der Einführung des Tonfilms im Jahre 1927 ein künstlerisches Fiasko prophezeiten, waren symptomatisch für seine Entwicklung bis in die Gegenwart. »Film« ist in erster Linie »Bild«. Diese Meinung ist heute noch weit verbreitet und durchzieht die wechselvolle Geschichte des Tonfilms bis in unsere Tage. Zu den bedeutendsten Apologeten des Stummfilms zählte kein geringerer als der berühmte sowjetische Regisseur Eisenstein. Er polemisierte in sehr scharfer Form gegen die Einführung des Tonfilms.

Bis zu einem gewissen Grade sind die Argumente, die damals gegen den Filmton vorgebracht wurden, heute noch aktuell. Aufzeichnungs- und Wiedergabequalität, Synchronität zum Bild, Sprachbarrieren beim internationalen Austausch, ökonomische Probleme und die Nutzung als künstlerisches Gestaltungsmittel sind zwar im Prinzip gelöst, aber der Aufwand, der getrieben werden muß, um den Ansprüchen einigermaßen gerecht zu werden, ist nach wie vor erheblich. Im Vergleich zu Rundfunk und Schallplatte, die ausschließlich auf den Ton angewiesen sind, haben Film- und Fernsehton die Grenzen der Möglichkeiten noch nicht erreicht.

Über die Ursachen ließe sich sowohl aus technischer als auch aus künstlerischer Sicht sehr gut streiten. Das ist hier nicht die Aufgabe. Vielleicht trägt aber ein Blick in die Geschichte dazu bei, über den »guten Ton« in Film und Fernsehen nachzudenken.

Am 6. 10. 1927 wurde in den USA der Film »The Jazz Singer« uraufgeführt. Der Tonfilm setzte sich endgültig durch. Das Jahr 1927 gilt als das Geburtsjahr des Tonfilms.

Bei dem Versuch, die wechselvolle Geschichte des Tonfilms nachzuzeichnen, wird deutlich zu erkennen sein, daß der Film zu keiner Zeit stumm war. Wir werden erfahren, daß auf irgendeine Weise immer Musik, Geräusch oder Sprache seine Vorführungen begleiteten. Bis 1926 hatten diese Bemühungen jedoch stets etwas Kurioses oder Sensationelles. Die Verbindung von Ton und Bild zu einer technischen Einheit gelang erst 1927.

Nadelton

Der erste bekannt gewordene Versuch einer Tonaufzeichnung ist in mehrfacher Hinsicht bemerkenswert. Der in Frankreich lebende, in England geborene Scott ließ sich 1877 den Phonautographen patentieren, der aus einem Schalltrichter, einer Membran und einem Hebelsystem mit einer Nadel bestand. Die Schallwellen wurden über dieses System in horizontale Nadelschwingungen umgewandelt und auf berußtem Papier aufgezeichnet. Das Papier war auf einer Walze befestigt, die gedreht und gleichzeitig axial verschoben werden konnte, so daß eine Aufzeichnung über mehrere Zylinderumdrehungen möglich war. Der so aufgezeichnete Ton konnte natürlich nicht wiedergegeben werden. Vermutlich wurde das Gerät für physikalische Untersuchungen eingesetzt.

Bemerkenswert ist, daß dieses Gerät im Grundaufbau dem Parleophon von Cros und dem Phonographen von Edison sehr ähnlich ist. Die Seitenschrift der Aufzeichnung entspricht dem Aufzeichnungsverfahren der Schallplatte.

Am 30. 4. 1877 stellte Cros der Pariser Akademie der Wissenschaften das Parleophon vor. Die Schallschwingungen wurden in Tiefenschrift in Wachs geritzt. Durch Drehung der Walze war die Wiedergabe möglich. Cros hatte keine Mittel, seine Erfindung patentieren zu lassen oder kommerziell zu nutzen. Ein anderer tat dies: Am 6. 12. 1877 stellte Edison seinen Phonographen der Öffentlichkeit vor, der ihm am 19. 2. 1878 unter der Nummer 200521 patentiert wurde. Der Phonograph gleicht dem Parleophon. Während Edison mit seinem Phonographen weltbekannt wird, schreibt der enttäuschte Cros an seinen Freund Verlain: »Die Zeitungen sind voll von der Erfindung dieses Meister Edison aus Amerika. Diese Erfindung, die ich gemacht habe! In meiner Denkschrift für die Akademie habe ich alles schon vor drei Monaten beschrieben: Die Wachswalze, auf der man die Schwingungen der menschlichen Sprache nicht nur aufzeichnen, sondern auch wieder abtasten und somit wiedergeben kann. Ja, es ist meine Erfindung. Nur weil ich kein Geld hatte, das Patent anzumelden, und weil ich niemanden fand, mein Parleophon zu bauen, ist mir dieser Amerikaner zuvorgekommen. Und hier hat sich niemand dafür interessiert, die menschliche Stimme zu verewigen.«

Wie viele Parallelen kennt die Geschichte! Genauso gut könnte man behaupten, daß das Prinzip beider Geräte bereits im Phonautographen von Scott enthalten ist, und keiner könnte es bestreiten. Trotzdem wird Edison der Erfinder des praktisch nutzbaren Schallaufzeichnungs- und Wiedergabe-Verfahrens bleiben. Glühlampe und Phonograph begründen seinen Weltruf.

Mit der Erfindung des Phonographen folgen sofort die Vorschläge zur Synchronisation von Bild und Ton. Bereits 1877 schlägt Donishorpe in England die Verbindung von Phonograph und Lebensrad vor. Aber auch in diesem Fall ist die Idee nur die eine Seite der Medaille. Theorie und Praxis müssen eine Einheit bilden. Erst die Anwendung der wissenschaftlichen Erkenntnisse macht den eigentlichen Fortschritt aus. So

Tonfilmaufnahme
So wie es der Zeichner hier wiedergibt kann die Situation bei der ersten Tonfilmaufnahme im Edison-Atelier (»Black Mary« — »Schwarze Marie«) im Jahre 1890 gewesen sein. Zu den vorher auf Wachswalzen aufgenommenen Tönen wird das Bild aufgenommen — die Schauspieler agieren synchron zum Ton. Heute wird dieses Verfahren als Playback-Verfahren bezeichnet.

bleibt die Idee von Donishorpe zunächst ein kluger Gedanke. Die Realisierung gelingt erst zwölf Jahre später.

Es sind wieder Edison und seine Mitarbeiter, die 1889 Phonograph und Kinetoskop in praktisch geeigneter Weise miteinander verbinden. Die Filme müssen notgedrungen nach dem vorher aufgenommenen Ton produziert werden. Dieses — heute als Playback bezeichnete — Verfahren bleibt bis 1926 bestimmend. Da die elektronische Verstärkung der Schallwellen noch nicht bekannt war, mußten die Akteure unmittelbar in den Trichter des Phonographen sprechen, singen oder musizieren. Die Wiedergabe war sehr leise, so daß der Ton zum Film über Schläuche »zu Gehör« gebracht werden mußte.

Das Ergebnis ist wohl nicht sehr überzeugend gewesen. Das Kinetoskop, das eigentlich eine Ergänzung zum Phonographen sein sollte, setzte sich auch ohne ihn durch. Ton und Bild gingen — kaum vereint — getrennte Wege. — Sicher war dies auch ein Grund dafür, daß Edison sich so hartnäckig gegen die Bildprojektion gesträubt hat. In einem großen Raum vor einem großen Publikum wäre die Anwendung des Phonographen gänzlich unmöglich gewesen.

1888 koppelt Reynaud sein Praxinoskop mit einer synchronen Tonbegleitung. Reynaud war ein unermüdlicher Erfinder, aber glücklos in der Durchsetzung seiner Einfälle. Sein Praxinoskopgerät fiel — wie wir wissen — dem Filmprojektor zum Opfer, und seine synchrone Bild- und Tonvorführung wurde auch kein Erfolg, weil andere Geräte bessere Möglichkeiten boten.

Am 16. Mai 1888 stellte Emile Berliner im Franklin-Institut in Philadelphia sein Grammophone vor. Im Gegensatz zu Edison ist von Berliner bekannt, daß er die Geräte von Scott und Cros kannte, und daß er von Scott die Seitenschrift übernommen hat. Er benutzte anfangs die »Rußschrift« als Fotovorlage für Gravuren auf Zinnplatten, übertrug später das Verfahren auf die Wachsmatrize und machte es produktionsreif. Berliner war nicht nur ein genialer Er-

Dachatelier der Messter-Film-G.m.b.H. 1909
Eines der ersten Filmateliers in der Blücherstraße 32 in Berlin. Typisch die Glasdecke, denn Filmaufnahmen waren nur bei Sonnenlicht möglich, weil noch keine genügend lichtstarken Lampen bekannt waren.

Filmstudio Neubabelsberg 1912
Hinter dem heute noch genutzten Verwaltungsgebäude (Bildmitte) — einer ehemaligen Kunstblumenfabrik — ist das »kleine Glashaus« der Decla-Bioskop-G.m.b.H. zu erkennen. Es war das erste Filmstudio auf dem Gelände des heutigen VEB DEFA-Studio für Spielfilme.

Neubabelsberg 1912
Das »kleine Glashaus« an der ehemaligen Kunstblumenfabrik

UFA-Studio Babelsberg um 1920
Blick in die große Aufnahmehalle
mit verschiebbaren Atelierwänden
z. Zt. der Stummfilmaufnahmen.
Dieses heute noch als »stumme
Halle« (weil wegen des Leichtbaus
für Tonaufnahmen ungeeignet)
bezeichnete Atelier gehörte damals
mit zu den größten Filmateliers der
Welt.

Messter-Tonfilmatelier 1913
Die Synchronisation von Bild (links
die Kamera) und Ton machte noch
erhebliche Schwierigkeiten, weil
vornehmlich mechanische Antriebe
genutzt werden mußten. (Links
hinter dem Synchronisiergerät
stehend O. Messter.)

**Lichttonverstärker Triergon
1922**
Teil der Lichttonapparatur der
Triergon-Gruppe. Links der
Trichter ist das Kathodophon
(Mikrophon), in der Mitte die Ein-
stellregler und drei Verstärkerröhren (Eigenbau!) und im Hintergrund die Aussteuerungsanzeige.

Lichttonprojektor Triergon 1922
Erster praktisch eingesetzter Lichttonprojektor der Triergongruppe.
Im Projektorfuß die Akkumula-
toren für die Tonanlage, in der
Mitte das Tonregiepult und
am Projektorkopf die Lichtton-
abtastung

Tonfilmatelier Triergon 1922
Im Vordergrund die Tonaufnahme-
apparatur mit Mikrofontrichter,
Verstärkerröhren und Aussteue-
rungspult. Die Raumakustik wurde
durch aufgehängte Kartoffelsäcke
verbessert.

finder. Er war auch ein guter Unternehmer und verstand es, sich mit seiner Schallplatte sehr schnell gegen den Phonographen von Edison durchzusetzen. Die gegenüber der Walze wesentlich einfacheren Vervielfältigungsmöglichkeiten der Schallplatte sind dabei sicher mit von Bedeutung gewesen. Berliner leitete so eine weltweite Industrialisierung der Tonaufzeichnung ein; um 1900 entstand die Schallplatten- und Fonoindustrie, von der auch der Film profitierte.

Es fehlte natürlich nicht an Versuchen, Film und Schallplatte miteinander zu verbinden. In Deutschland hat sich Messter um diese Lösung besonders verdient gemacht. In Frankeich waren es Gaumont und Pathè. Gaumont stellte am 7. 11. 1902 in der Französischen Photographischen Gesellschaft in Paris die erste Einrichtung vor. Am 30. 8. 1903 fand im Apollotheater in Berlin die Uraufführung des ersten Messter-Tonfilms statt. Messter bezeichnete die Anlage als Biophon.

Das Verfahren war im Prinzip immer das gleiche: Das Bild wurde zur Schallplatte aufgenommen und der Projektor mit den unterschiedlichsten mechanischen und elektrischen Methoden mit dem Plattenspieler gekoppelt. Dabei wurden Methoden angewendet, die heute sehr skurril anmuten. Seeber und Messter benutzten beispielsweise im sogenannten Seebereophon perforierten Film als Transmissionsmittel zwischen Projektor und Plattenspieler. Messter setzte später Kontakte am Plattenspieler zur Synchronisierung ein. Diese Kontakte ließen im Vorführraum Glühlampen in einem bestimmten Rhythmus aufleuchten, nach dem der Vorführer den Projektor mit der notwendigen Zahl von Kurbelumdrehungen in Gang setzen mußte. Dukes koppelte beide Geräte über ein Gewicht, das seine Lage beibehielt, solange Synchronität bestand.

Diese und andere Methoden waren völlig wirkungslos, wenn der Film riß und Filmstücke verloren gingen. Das soll damals nicht selten gewesen sein. In einem solchen Fall war die Synchronität beim besten Willen nicht wieder her-

zustellen. Die Synchronitätsstörung war äußerst lästig und konnte die beabsichtigte künstlerische Wirkung durchaus in ihr Gegenteil verwandeln.

Von 1903 bis 1913 gab es diese Tonbildfilme. Nach Lichte-Narath sollen ca. 1 000 Nadeltonfilme mit einer Gesamtlänge von etwa 100 000 Metern mit jeweils 60 bis 70 Kopien hergestellt worden sein. Ab 1913 wurde die technische Qualität den künstlerischen Ansprüchen nicht mehr gerecht.

Ein anderes Problem war die geringe Lautstärke der Grammophone. Durch gleichzeitiges, synchrones Abspielen mehrerer Platten versuchte man Abhilfe zu schaffen. Nach Ideen von Edison entwickelte Parsons eine pneumatische Verstärkungseinrichtung — das Auxetophon. Die Lautstärke reichte aus, um im Dezember 1906 die große Albert-Hall in London zu beschallen. Von der Tonqualität wird uns nichts mitgeteilt.

Wie es damals in den Ateliers zuging, schildert Henny Porten sehr anschaulich in ihrer unter dem Titel »Vom Kintopp zum Tonfilm« 1932 im Carl Reißner Verlag in Dresden erschienenen Biographie: »Am Anfang war die Grammophonplatte, und es wird wohl mancher ein höchst ungläubiges Gesicht machen, wenn ich sage, daß ich schon damals die ersten Tonfilmversuche gemacht habe. Aber es stimmt. Die Grammophonplatte war das Fundament meiner ersten Filmarbeit; sie gab uns Ideen und Inhalt zu unseren Filmen. Da sang z. B. Caruso mit Geraldine Farrar aus irgendeiner Oper; flugs wurde die Dekoration zusammengestellt, Kostüme geschafft, auf Sonne gewartet und nun das Duett, das Caruso und die Farrar sangen, mimisch dargestellt. Mein Vater spielte stets die Rolle des Heldentenors, und ich, ein halbes Kind noch, war seine Partnerin. So wie die Stimmen auf der Grammophonplatte auf und ab wogten, so loderten unsere Hände in unhörbaren Gesten dem Himmel entgegen. Die Platte lief etwa drei Minuten, und der Operateur kurbelte alles in einer Einstellung. Unsere wildbewegte Kunst mußte ebenfalls drei Minuten dauern, und dann

Emile Berliner

* 1851 Hannover
† 1929

Viertes Kind des Kaufmanns und jüdischen Schriftgelehrten Samuel Berliner. Mutter eine geborene Friedmann aus Cuxhaven. Mit 14 Jahren Abschluß der Samson-Schule in Wolfenbüttel. Mußte zur Ernährung von 11 Geschwistern beitragen und war in verschiedenen Berufen tätig – u.a. in einer Druckerei. Ging 1870 mit Nathan Gotthelf nach Washington. Lernte 1876 auf einer Ausstellung in Philadelphia Bells Erfindungen kennen. Abendkurse in Elektrotechnik. Erfindet die Seitenschrift im Gegensatz zur Tiefenschrift von Edison (s.d.). Verkauf des Patents an die Bell-Gesellschaft. Gründet vom Erlös mit seinem Bruder Joseph in Hannover die erste Fabrik für Fernsprechapparate in Europa. 1887 wieder in den USA. Einrichtung eines eigenen Laboratoriums. 16. Mai 1888 Vorstellung der Metallschallplatte als Muster zum Abdruck auf Schellackplatten. 1889 Rückkehr nach Europa. 1898 Gründung der »Deutsche Grammophon-Gesellschaft«. Ab 1900 als eingetragenes Warenzeichen »Die Stimme seines Herrn«, eine der bekanntesten Schallplattenmarken.

war der Film fertig. Ein Bote ging zu Aschinger, um Brötchen und Bier zu holen, und wir hatten Zeit zu einer ausgedehnten Frühstückspause, während der die Dekoration zu dem nächsten Film aufgestellt wurde. Zwei oder drei derartige Filme drehten wir jeden Tag; und ich glaube, es gibt keine weibliche Opernpartie, die ich damals nicht gespielt hätte. Es war keine kleine Arbeit, denn wir mußten die Platten textlich und musikalisch (oft in drei Sprachen) beherrschen, damit unsere Bewegungen genau mit ihnen übereinstimmten.«

1913 gab es in Deutschland 500 mit Biophon ausgerüstete Filmtheater. Die künstlerischen und technischen Schwierigkeiten waren jedoch auf die Dauer unüberwindlich. Die Filme wurden länger. Das Fassungsvermögen der Schallplatte reichte nicht aus. Ein Plattenwechsel während der Szene war nicht denkbar. Dazu die

Synchronisierungsprobleme und vieles andere mehr führten erneut zur Trennung von Bild und Ton. Der Nadelton geriet nach 1913 in Vergessenheit.

Die sogenannte Stummfilmzeit war die Chance der Erklärer, Harmoniumspieler, Organisten und Filmorchester aller Größen und Klassen. Es etablierte sich die Berufsgruppe der Filmmusiker und Komponisten, die später dem Tonfilm bei seiner eigentlichen Geburt erhebliche Schwierigkeiten machen sollte.

Für die Filmbegleitung wurden die unterschiedlichsten und mitunter kuriose Synchronisierhilfen gebaut. Das ging bis zum »gefilmten« Dirigenten, der dem Orchester — für das Publikum natürlich unsichtbar — synchron eingespielt wurde. — Ein interessantes und aus heutiger Sicht amüsantes Kapitel der Filmgeschichte.

In dieser Zeit zeichnete sich die durch die Ein-

Tonfilmvorführung um 1905
Der Phonograph (linke Seite Mitte) wird vom Film-Vorführer (rechts) über Hörschläuche (Stethoskop) abgehört, um die Vorführgeschwindigkeit des Bildes dem Ton anzupassen. Zuschauerraum und Vorführraum waren bereits zu dieser Zeit räumlich getrennt, um die ohnehin leise Tonwiedergabe nicht durch das Projektorgeräusch zu stören.

Messterphon
Schallplatten-Wiedergabegerät mit elektrischen Kontakten am Plattenteller zur Synchronkontrolle und mechanischem Antrieb vom Filmprojektor für Tonfilm-Wiedergabe (Nadelton) um 1912

führung der Elektronik gekennzeichnete zweite technische Revolution ab. Nahezu gleichzeitig erfanden Lee de Forrest und von Lieben die Elektronenröhre. Damit begann die stürmische Entwicklung der Informationstechnik. Telefon und Telegraph waren schon lange erfunden, und die Rundfunktechnik entwickelte sich in kurzer Zeit. Die elektronische Schallplatten-Schnittechnik und die elektromagnetische Schallplatten-Wiedergabe mit anschließender elektrischer Verstärkung wurden möglich. Die Tonqualität verbesserte sich entscheidend.

1926 kam in den USA der Filmproduzent Warner (»Warner Brothers«) gegen die Mitkonkurrenten Paramount, Metro-Goldwin-Meyer u. a. derart in Schwierigkeiten, daß er dringend nach einem Ausweg suchen mußte, um dem Konkurs zu entgehen.

Bei Western-Electric war die Langspielplatte mit 40 cm Durchmesser und 33⅓ Umdrehungen pro Minute entwickelt worden. Die Laufzeit dieser Platte entsprach fast genau der Länge eines Filmaktes. Das Verfahren wurde Ende 1926 in den Laboratorien der Bell Telephone Co. — einer Tochtergesellschaft der Western-Electric — vorgeführt.

Während sich andere Filmproduzenten noch dem Stummfilm verpflichtet fühlten, schloß Warner mit Western-Electric wegen seiner ver-

zweifelten Lage einen Vertrag, der ihm die alleinige Nutzung dieses neuen Verfahrens sicherte. Er gründete die Vitaphon-Gesellschaft. — Schon am 6. 10. 1927 war in New York die Premiere von »The Jazz Singer«. Die Aufführung wurde ein durchschlagender Erfolg — wohl auch wegen der Besetzung der Hauptrolle mit dem sehr populären Sänger Al Jonson. Es folgten in kurzen Abständen weitere Filme, darunter der Tonfilm »The singing Fool«. Es begann eine kurze Renaissance des Nadeltons.

In Deutschland versuchte Breusing den Nadel-

Mechanische Bild-Ton-Synchronisierung System Duskes 1908
Filmprojektor (links) und Schallplatten-Wiedergabegerät (rechts) sind synchron, wenn das Gewicht (oben links) über das das Antriebsseil zum Schallplatten-Wiedergabegerät läuft, seine Lage beibehält.

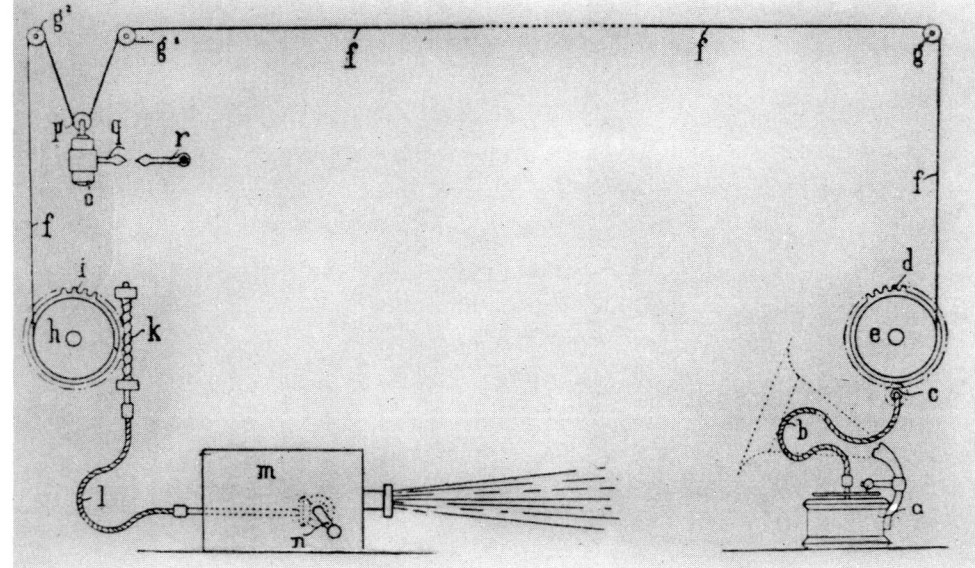

ton zu rekultivieren. Der Widerstand der Filmtheaterbesitzer, der Filmkomponisten und -musiker und einer nicht unwesentlichen Gruppe von Künstlern und Regisseuren war nicht zu überwinden.

Lichtton

Bevor der Nadelton in den USA wahre Triumphe feierte, hatte sich in Deutschland ein Entwicklerkollektiv mit der Lichttonaufzeichnung beschäftigt. Dieses Verfahren war im Prinzip bekannt. Bild und Ton wurden auf einem Film aufgezeichnet. Diese Methode war hinsichtlich der Synchronität — auch nach Filmrissen —, der Vervielfältigungsmöglichkeiten und der filmischen Verarbeitung dem Nadelton weit überlegen, aber die Tonqualität ließ zu wünschen übrig.

Die ersten Ansätze für die Entwicklung des Lichttons lagen 40 Jahre zurück.

Bell und Trainer hatten 1878 in den USA für die Nachrichtenübermittlung das Photophon entwickelt. Simon entdeckte 1898 den »singenden Lichtbogen«, d. h. die Tatsache, daß der elektrische Lichtbogen mit der Frequenz des Stromes akustische Schwingungen erzeugt. Diese Erkenntnis regte Rumer 1901 dazu an, die damit verbundenen Lichtschwankungen auf Film aufzuzeichnen. Er wollte der Schallplatte Konkurrenz machen.

Auf der Grundlage der Arbeiten von Rumer erfand Lauste in Frankreich die Zacken- und Sprossenschrift, das sind die zwei grundsätzlichen Möglichkeiten der Lichttonaufzeichnung. Er schlug als erster die gleichzeitige Aufzeichnung von Bild und Ton auf Kinefilm vor. Die Möglichkeit der elektronischen Aufbereitung der Signale, vornehmlich die Verstärkung, fehlten ihm genau so wie seinen Vorgängern. Deshalb kam auch Lauste über die grundsätzlichen Versuche nicht hinaus.

Lifschitz und Berglund nahmen sich ab 1906 dieses Verfahrens wieder an. In Ungarn entwickelte Mihaly eine komplette vorführbereite Lichttonapparatur. Er zeigte am 7.6.1916 einen acht Meter langen Lichttonfilm mit guter Qualität. Die kommerzielle Nutzung seiner Erfindung blieb aus. Das damalige Ungarn bot weder die Voraussetzung zur industriellen Verwendung, noch hatte es die rechten Möglichkeiten einer weltweiten Verbreitung dieser und ähnlicher Erfindungen.

Berglund hatte etwas günstigere Bedingungen. Er war Schwede. Nach seinem Studium an der Technischen Hochschule Berlin arbeitete er bei der Firma Goertz. Er entwickelte zunächst 1906 eine fotografische Schallplatte mit angeblich ausgezeichneter Qualität. Diese — offensichtlich durch Rumer angeregte — Entwicklung ist heute völlig unbekannt. Er verwendete dabei sowohl die Zacken- als auch die Sprossenschrift. 1911 erfand er den Schwingspiegel für die Lichttonaufzeichnung (DRP 241 808) und 1912 die Vielzackenschrift (DRP 282 778). Das sind die grundlegenden Patente, die sich später auch durchsetzten und zu der heute verwendeten Form des Lichttones führten. 1911 soll Berglund bei der Firma Goertz den ersten Lichttonfilm vorgeführt haben. Wegen der noch nicht bekannten Elektronenröhre war eine elektrische Verstärkung und damit eine Vorführung vor großem Publikum sicher nicht möglich. Seine weiteren Arbeiten in Deutschland unterbrach der 1. Weltkrieg.

Berglund ging nach Schweden zurück und gründete dort die »schwedische Tobis« — die Fotofon-Gesellschaft. Am 17.2.1921 stellte er dieser Vereinigung den ersten Lichttonfilm vor. Die Anwesenden und die Öffentlichkeit waren begeistert. Die Filmhersteller und Filmtheaterbesitzer versagten ihre Unterstützung. Berglund kehrte nach Deutschland zurück. Ernemann versuchte das Berglundverfahren zu übernehmen, soll aber an der Herstellung geeigneter Lautsprecher gescheitert sein. Berglund ging zur Tobis und verhalf dort gemeinsam mit Massolle — einem der drei Triergon-Männer — dem Lichttonfilm zum Durchbruch.

Unmittelbar nach dem ersten Weltkrieg beschäftigten sich Engl, Massolle und Vogt unter der

Hans Vogt

* 25.9.1890 in Wurlitz bei Hof
† 4.12.1979 vermutlich in Erlau b. Passau

Joseph Massolle

* 24.3.1889 in Bielefeld
† 1.4.1957 vermutlich in Berlin

Jo Engl

* 6.8.1893 in München
† 8.4.1942 in New York

selbst gewählten Bezeichnung Triergon (»Werk der Drei«) mit dem Lichtton. In der Lorenz AG fanden sie finanzielle Unterstützung. Sie haben für den Lichtton viel unter widrigsten Umständen geleistet, aber ihre Bedeutung ist im Verhältnis zu anderen — beispielsweise zu Berglund — überschätzt worden. Ihr Weg ist so typisch für die damaligen Verhältnisse, daß es interessant ist, ihn ein Stück zu verfolgen.

1918 nahmen Engl, Massolle und Vogt ihre Arbeiten auf. Sie betraten kein Neuland. Ihr Verdienst lag in der konsequenten Bearbeitung aller Details — eine Methode, die bei der Bearbeitung großer Themen zu oft vernachlässigt wird. Das Ziel war die Qualitätsverbesserung, um mit der Schallplatte konkurrieren zu können. Dafür war die Zusammensetzung der Gruppe ideal. Sie begann mit der Arbeit an Mikrofon (Kathodophon), Verstärkerröhre, Lichtquelle für die Tonaufzeichnung, Fotozelle für die Wiedergabe, Kopiergerät, Lautsprecher und Vorführgerät.

Nach zwei Jahren, am 17.9.1922, also $1\frac{1}{2}$ Jahre nach Berglunds Premiere in Schweden, wurde im Erstaufführungstheater Alhambra am Kurfürstendamm in Berlin das Ergebnis vorgestellt. Der Lichtton wurde auf einem 42 mm breiten Film außerhalb der Perforation aufgezeichnet. Dieses Sonderformat konnte sich natürlich nicht

durchsetzen. Aber unabhängig davon ging es Triergon nicht anders als Berglund in Schweden. Die Presse und die Anwesenden waren des Lobes voll. Theaterbesitzer, Künstler und die Filmmusiker nahmen eine Abwehrstellung ein. Sie war nicht zu überwinden. Die Lorenz AG fand keinen Absatz, die Inflation tat ihr Übriges, die Gelder für Triergon flossen spärlicher.

Was nun folgte, ist oft berichtet worden. Die drei Erfinder wurden deshalb nicht selten als Märtyrer hingestellt. Derartige und schlimmere Schicksale hat es aber in der Zeit in großer Zahl gegeben.

Engl, Massolle und Vogt taten zunächst das, was in der Inflation ein damals oft praktiziertes Verfahren war; sie gründeten in der Schweiz über einen dort ansässigen Rechtsanwalt eine Triergon AG. Auf der Basis der stabilen Schweizer Währung arbeiteten sie selbständig weiter. Am 24.9.1923 wird wieder im Alhambra »Das Leben auf dem Dorf« gezeigt. Der Film läuft mehrere Wochen vor ausverkauftem Haus und wird anschließend in anderen Filmtheatern gezeigt. Die Einnahmen ermöglichen weitere Arbeiten. Der kommerzielle Film bleibt trotzdem zurückhaltend und ablehnend. 1924 kann der Schweizer Vertreter den Zahlungsverpflichtungen nicht mehr nachkommen. Der Vertrag wird »berei-

Wesentliche Arbeiten auf dem Gebiet des Lichttons. Vogt stellte 1918 Verbindungen mit Engl und Massolle her. 1.7.1919 Gründung des Laboratoriums für Kinematographie in einem Blumenladen in Berlin-Wilmersdorf, Babelsberger Straße 49. Gemeinsame Bezeichnung als Triergon (»Das Werk der Drei«). 26.2.1921 erste Lichttonaufnahmen im Laboratorium mit dem Lied »Sah ein Knab ein Röslein stehn«. Errichtung eines Labors mit Atelier in der Friedrichstraße in Berlin. 17.9.1922 Uraufführung des ersten Lichttonfilmes aus eigener Produktion im Alhambra-Filmtheater in Berlin. 1925 Auflösung der Gruppe aus finanziellen Schwierigkeiten. (Weitere biografische Angaben im Text).

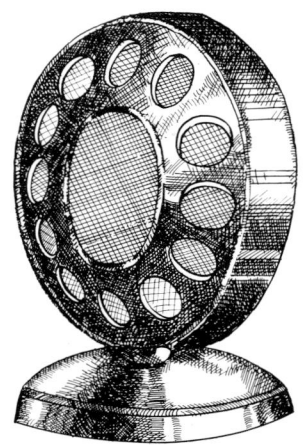

Mikrofon 1922
Für erste elektroakustische Tonaufzeichnungen gefertigtes Serienmikrofon

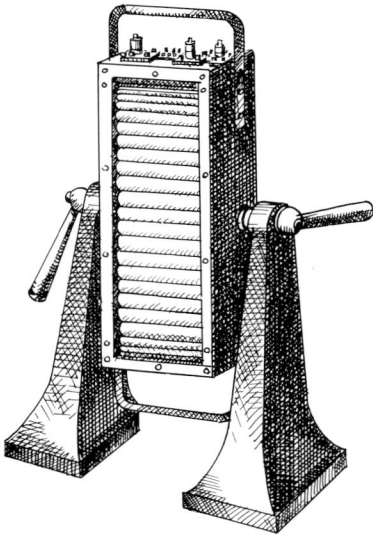

Lautsprecher – »Blatthaller« – um 1930
Leistungslautsprecher der Fa. Siemens für Großraum-Beschallung

nigt« und der UFA eine Lizenz angeboten. Die UFA übernimmt diese Lizenz, richtet in Weißensee und Babelsberg Tonstudios ein und beginnt mit der Produktion des Films »Das Mädchen mit den Schwefelhölzern«.

Es kam wie so oft bei der Einführung neuer Technologien in die künstlerische Filmproduktion: Die Dreharbeiten gestalteten sich schwieriger als erwartet. Die Zeit bis zur Premiere am 20.12.1925 wurde knapp. Nach den ersten Akten, die vom Publikum mit großer Begeisterung aufgenommen wurden, fiel der Ton aus. Die groß angekündigte Premiere wurde zum Eklat. Die bereits mehrfach erwähnte negative Grundhaltung einflußreicher Personengruppen setzte sich noch einmal durch. Die UFA kündigte — offensichtlich übereilt — den Lizenzvertrag. —

Am 1.3.1926 erwarb die amerikanische Fox-Filmgesellschaft die Rechte für die USA. Mit den dadurch gewonnenen Mitteln wurden Engl, Vogt und Massolle 1928 mit 21 000 Reichsmark »abgefunden« — damals wieder ein sehr ansehnlicher Betrag.

Im gleichen Jahr, am 13.8.1928, wurde in Berlin die Tobis (Tonbildsyndikat AG) gegründet. Sie übernahm die Schweizer Patente. Das war möglich, weil Fox nur die Rechte für die USA erworben hatte. Massolle wurde technischer Direktor der Tobis. Es kam zu der bereits berichteten Zusammenarbeit mit Berglund. Vogt gründete eine eigene Firma. Engl ging als Professor in die USA und arbeitete dort am Lichttonverfahren weiter.

Zwei Monate nach Gründung der Tobis, am 8.10.1928 bildeten AEG und Siemens die Klangfilm G.m.b.H. Was hatte die deutsche Elektroindustrie plötzlich für den Tonfilm eingenommen? Man hatte von den amerikanischen Erfolgen gehört.

In Auswertung der amerikanischen Erfahrungen und nach Sichtung der Patentsituation fiel die Entscheidung für den Lichtton. Anfang 1929 kam es zur Fusion zwischen der Klangfilm AG und der Tobis und schon am 12.3.1929 zur Uraufführung des Lichttonfilms »Melodie der Welt«. Der Erfolg war mehr als ermutigend.

Vergeblich versuchten die deutschen Firmen die Aufführung des amerikanischen Nadeltonfilms »The singing Fool« zu unterbinden, um die eigenen Erfolge nicht zu schmälern. Die Erstaufführung fand am 2.6.1929 im Gloria-Palast in Berlin statt. Der Film hatte in kurzer Zeit mehr als 300 000 Besucher.

Dann entbrannte zwischen den deutschen und amerikanischen Firmen ein heftiger Patentstreit. Er wurde 1930 in der »Pariser Übereinkunft« beigelegt, in der die Monopole die Interessengebiete unter sich aufteilten.

Die Gegner des Tonfilms verstummten angesichts der enormen Publikumserfolge.

Die Stummfilmzeit war innerhalb von zwei Jahren völlig vergessen. Der Nadelton war den technologischen Vorteilen des Lichttones nicht gewachsen; obwohl die Qualität der Schallplatte bis heute dem Lichtton überlegen ist. Der Lichtton hat sich in der damals eingeführten Form — von einigen qualitätsverbessernden Maßnahmen abgesehen — bis heute erhalten. Das wird auch in Zukunft bei Theaterkopien so bleiben, weil noch kein Verfahren erkennbar ist, das bei Herstellung, internationalem Vertrieb und Archivierung ähnliche Vorteile aufweist. Im Augenblick werden Anstrengungen zu seiner Verbesserung unternommen. Der Stereolichtton beginnt sich durchzusetzen. Nach einem Hinweis von A. Wilkening wurde bereits vor dem zweiten Weltkrieg bei Zeiß-Ikon in Dresden ein Zweikanal-Lichtton-Verfahren entwickelt. Auf diesen Erfahrungen aufbauend, wurde bei der DEFA in Babelsberg zu dem Film »Ernst Thälmann — Sohn seiner Klasse« Stereolichtton angewendet; die damals noch unüberwindlichen technischen Schwierigkeiten ließen eine generelle Einführung nicht zu. — In Großbritannien und anderen westeuropäischen Ländern sowie in der Ungarischen VR wird der Stereolichtton heute praktiziert. Nicht nur wegen des »Raumton-Effektes« sondern auch wegen genereller Verbesserung der Ton-Wiedergabe-Qualität wird er zukünftig zu beachten sein.

Magnetton

Bis zum Ende des zweiten Weltkrieges und auch noch in den ersten Nachkriegsjahren wurde der Lichtton bei der Filmaufnahme auf 35-mm-Kinefilm direkt aufgezeichnet. Die aufwendigen Apparaturen wurden in Tonwagen zum Drehort transportiert oder in den Ateliers fest installiert. Der Materialaufwand war erheblich.

Heute werden die Tonaufnahmen wie bei Rundfunk und Schallplatte ausschließlich auf Magnetband und Magnetfilm (perforiertes Magnetband) hergestellt. Erst am Ende des komplizierten Bearbeitungsprozesses erfolgt die Umzeichnung auf Lichtton.

Die ersten erfolgversprechenden Versuche dazu wurden bei der DEFA in Babelsberg durchgeführt. Natürlich gab es auch bei der Einführung des Magnettones erhebliche Widerstände. Ein wesentlicher Aspekt war die Tatsache, daß der Ton bei der Bearbeitung von Filmen nicht mehr zu sehen war. — Aber letztlich überzeugten auch in diesem Fall die Vorteile.

Die magnetische Tonaufzeichnung war seit ihrer Erfindung durch Poulsen im Jahre 1898 bekannt. Während Poulsen noch auf magnetischem Draht aufzeichnete, führte Pfleumer das Magnetband ein. Erst 1935 hatte dieses Verfahren einen technischen Stand erreicht, daß es zu einer öffentlichen Vorführung auf der Funkausstellung in Berlin kommen konnte. Zu dieser Zeit war der Lichtton bereits vollständig etabliert.

1937 übernahm der Rundfunk das magnetische Tonsignal-Speicherverfahren. Die Erfindung der Hochfrequenz-Vormagnetisierung durch von Braunmühl und Weber im Jahre 1941 verbesserte die Tonqualität erheblich. Der professionelle Einsatz bei Rundfunk- und Schallplattenaufzeichnungen war gesichert.

Nach dem zweiten Weltkrieg wurden die Magnettongeräte kleiner, die technischen Verfahren sicherer und die Anwendung allgemein üblich. Es erschienen die ersten Heim-Magnettongeräte. Die Vorteile überzeugten in wenigen Jahren auch die eifrigsten Verfechter der Lichttonaufzeichnung. Der Magnetton setzte sich bei der Filmherstellung durch.

Mit der Einführung des Fernsehens versuchte die Filmtechnik durch höheren technischen Aufwand der scheinbaren Herausforderung zu begegnen. Die Theaterkopien wurden mit Magnetspuren beschichtet, die Filmtheater auf Magnettonwiedergabe erweitert. 1954 wurde die Vier-Kanal-Magnettontechnik und 1956 die Sechs-Kanal-Magnettontechnik auf 70-mm-Film eingeführt. Einige Übereifrige — die es bei der Einführung neuer Verfahren immer gibt — prophezeiten die totale Ablösung des Lichttones. Die Schallplatte war in den Anfängen der Magnettontechnik auch schon einmal für tot erklärt worden! — Der technische Aufwand für die Vier-Kanal-Magnettontechnik war zu hoch. Der Erfolg nahm sich dagegen zu bescheiden aus, so daß heute bei Theaterkopien wieder fast ausschließlich der Einkanal-Lichtton bevorzugt wird. Lediglich im Amateurfilmbereich hat sich der mit Magnetspur versehene Schmalfilm erhalten.

Als Kuriosität sei noch nachgetragen, daß der Franzose Pineaud bereits 1909 vorgeschlagen hat, Stahldraht als Tonträger in den Kinefilm einzubetten.

1985 wurde die Filmtechnik 90 Jahre alt. Eine faszinierende Entwicklung in so kurzer Zeit. In den nächsten Jahren wird die Elektronik und mit ihr die Fernsehtechnik die filmtechnische Entwicklung mitbestimmen. Magnetische Aufzeichnungsträger werden neben dem altehrwürdigen Kinefilm für die Bild- und Tonaufzeichnung ihren Platz haben. Die Entwicklung der Kinematographie ist also noch nicht abgeschlossen.

1979 fand in Moskau aus Anlaß des 60jährigen Bestehens der sowjetischen Kinematographie eine Allunionsausstellung statt.

An einem relativ bescheidenen Platz dieser Ausstellung wurden farbige Bilder projiziert, die nur für wenige Zuschauer gleichzeitig sichtbar waren, denn sie konnten nur unter einem sehr

**Tonaufnahme-Apparatur
um 1930**
Der Tieflader war für den Transport der »Tonbox« (Schallisolierter Raum für die Filmkamera!) vorgesehen und enthielt die Stromversorgung (Bild oben). Der Autoanhänger enthielt die Tonaufnahmeapparatur.

Tonwagen um 1950
Im Wagen waren einschließlich
Stromversorgung alle technischen
Einrichtungen für eine Lichtton-
aufzeichnung installiert.

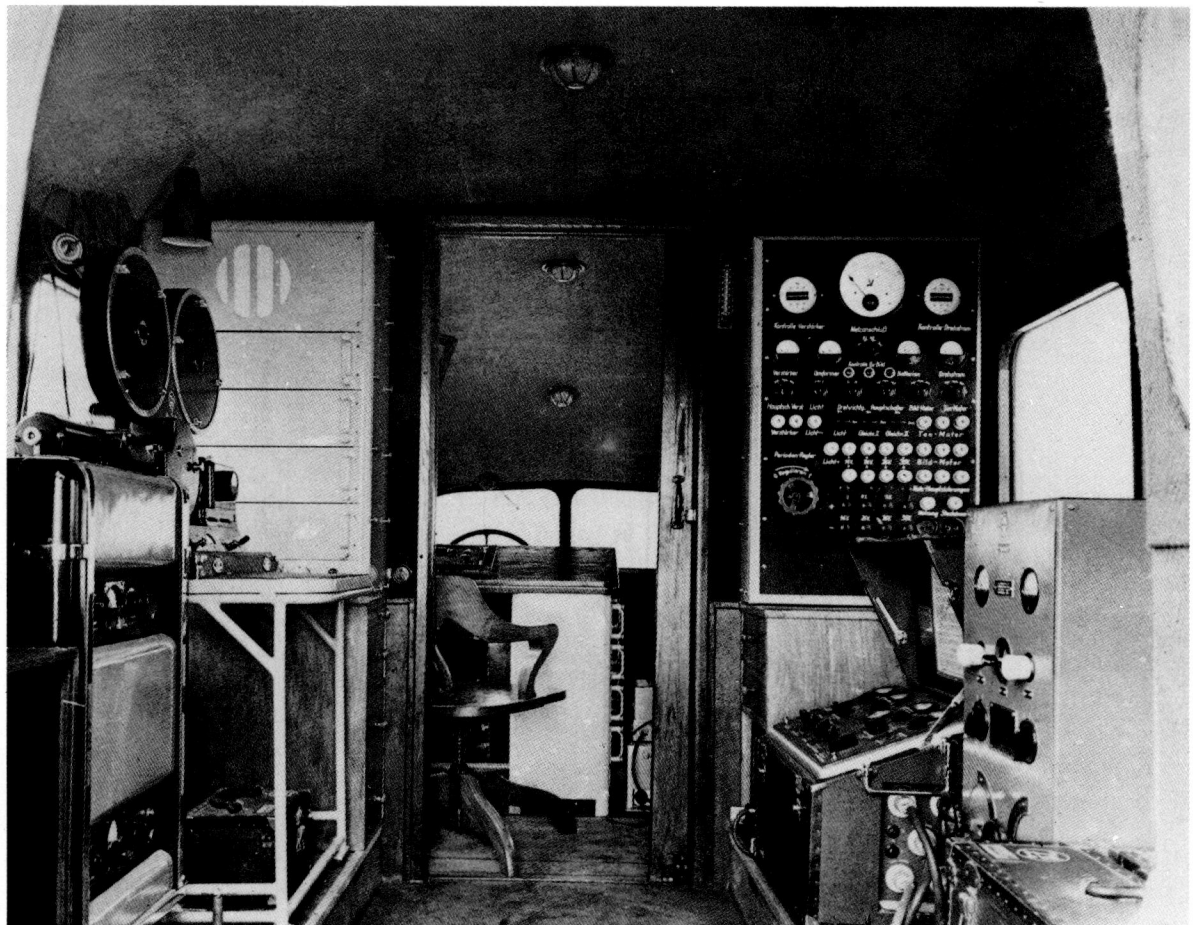

**Inneneinrichtung des Ton-
wagens**
Hinter dem Fahrersitz das Tonregiepult (Tonmeisterplatz); links
Lichttonkamera und Verstärker-
gestell; rechts Stromversorgung

Tonregieraum um 1940
Vor dem Tonmeister der Blick in
den Orchesterraum und auf die
Bildwand (der Dirigent dirigiert
nach dem vorgeführten Bild synchron); über dem Tonmeister der
Abhörlautsprecher

**Musik-Synchronaufnahme-
Atelier um 1940**
Orchesterraum mit der nur für den
Dirigenten sichtbaren Bildwand
(UFA Babelsberg)

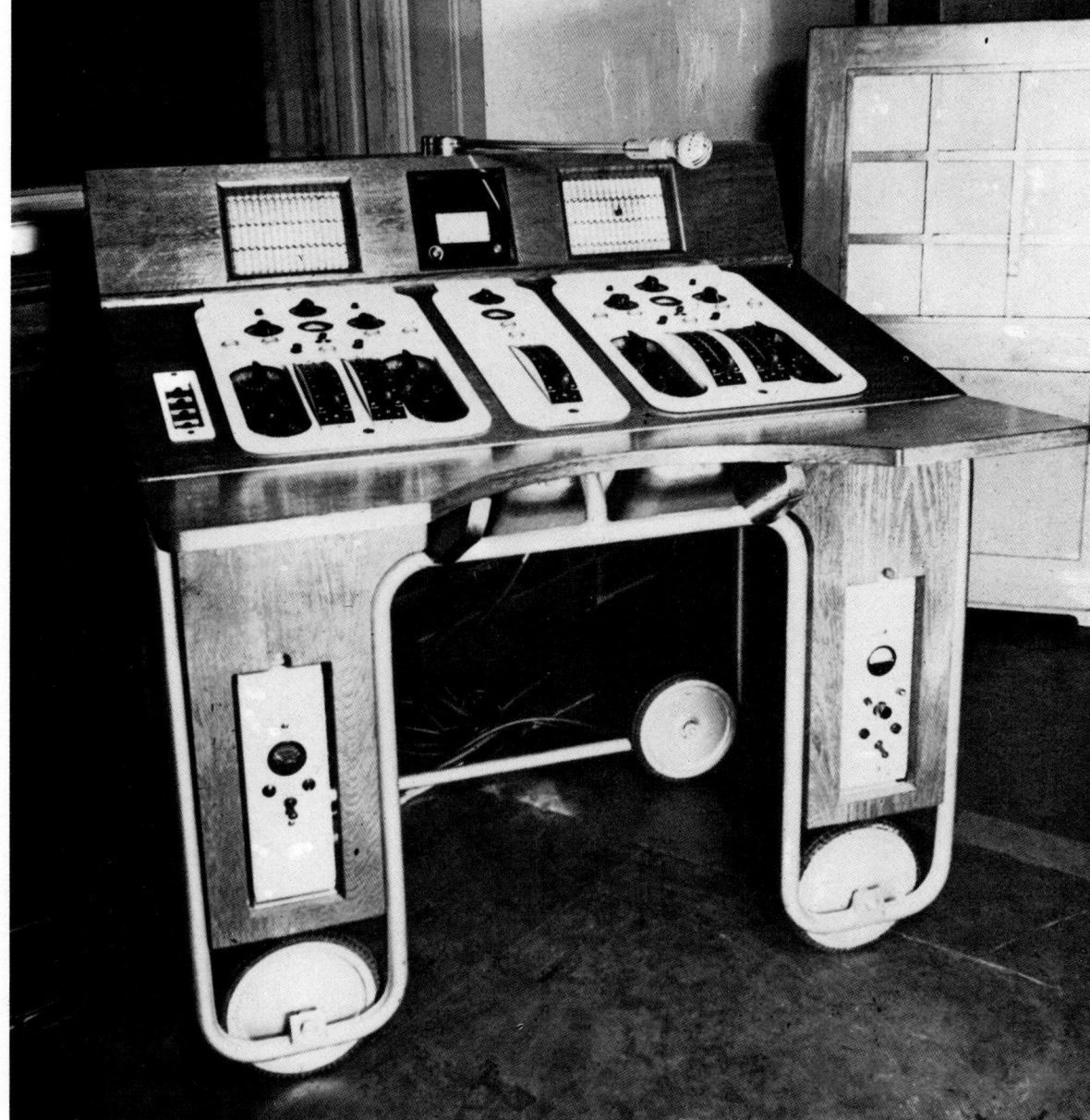

**Transportables Tonregiepult
um 1940**

engen Gesichtswinkel wahrgenommen werden.
Das was zu sehen war überraschte. Ohne optische Hilfsmittel erkannte man ein völlig räumli-
ches, farbiges Filmbild. Die Filme waren so
kurz wie in den Anfängen der Kinematographie.
Aber was die Mitarbeiter vom Moskauer Institut
für Kinematographie hier zeigten, war die öffentliche Weltpremiere des räumlichen Films
auf der Grundlage der Holografie. Die vollständige Illusion eines räumlichen Farbbildes — das
müßte die höchste Form der Filmtechnik sein.

Es wird abzuwarten sein, ob die Filmkunst sie
zu nutzen weiß, wenn sie einen entsprechenden
technischen Stand erreicht hat. Es ändern sich
die Verfahren, aber DER FILM bleibt.

**Nadeltongerät –
System
Mendel – um 1908**
Schallplattenwieder-
gabe-Gerät und Film-
projektor (Bildmitte)
wurden synchron an-
getrieben und elek-
trisch im Synchron-
lauf kontrolliert. Im
Hintergrund rechts
Gleichdruckpumpe
für pneumatische
Schallverstärkung.

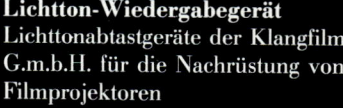

Seite 130
Edison-Phonograph
Tonwiedergabe-Gerät mit Walzen.
Die großen Schalltrichter waren
zur Tonverstärkung notwendig,
weil die elektrische Verstärkung
noch nicht bekannt war.

Lichtton-Wiedergabegerät
Lichttonabtastgeräte der Klangfilm
G.m.b.H. für die Nachrüstung von
Filmprojektoren

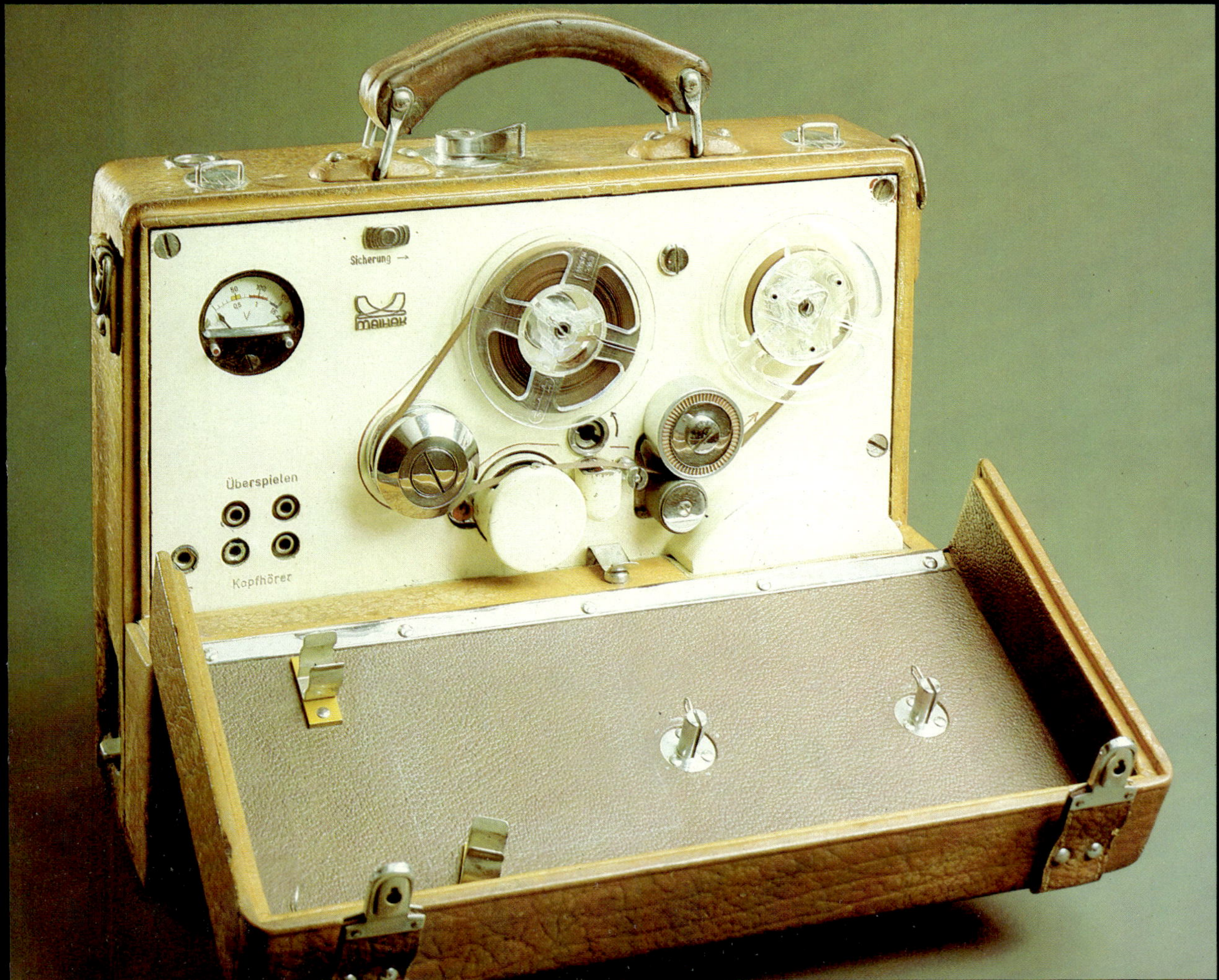

**Tragbares Magnetton-Gerät
um 1955**
Mit den kleineren Abmessungen
der Tonaufzeichnungs-Geräte
wurde die Tonaufnahme wie die
Kamera immer beweglicher. Heute
haben professionelle Spitzengeräte
die Abmessungen von Kassetten-
recordern.

Seite 132

Magnetton-Gerät um 1960
Mit Tonbandgeräten dieser Art
wurden die Lichttonaufzeich-
nungen am Drehort und die Tonwagen abgelöst.

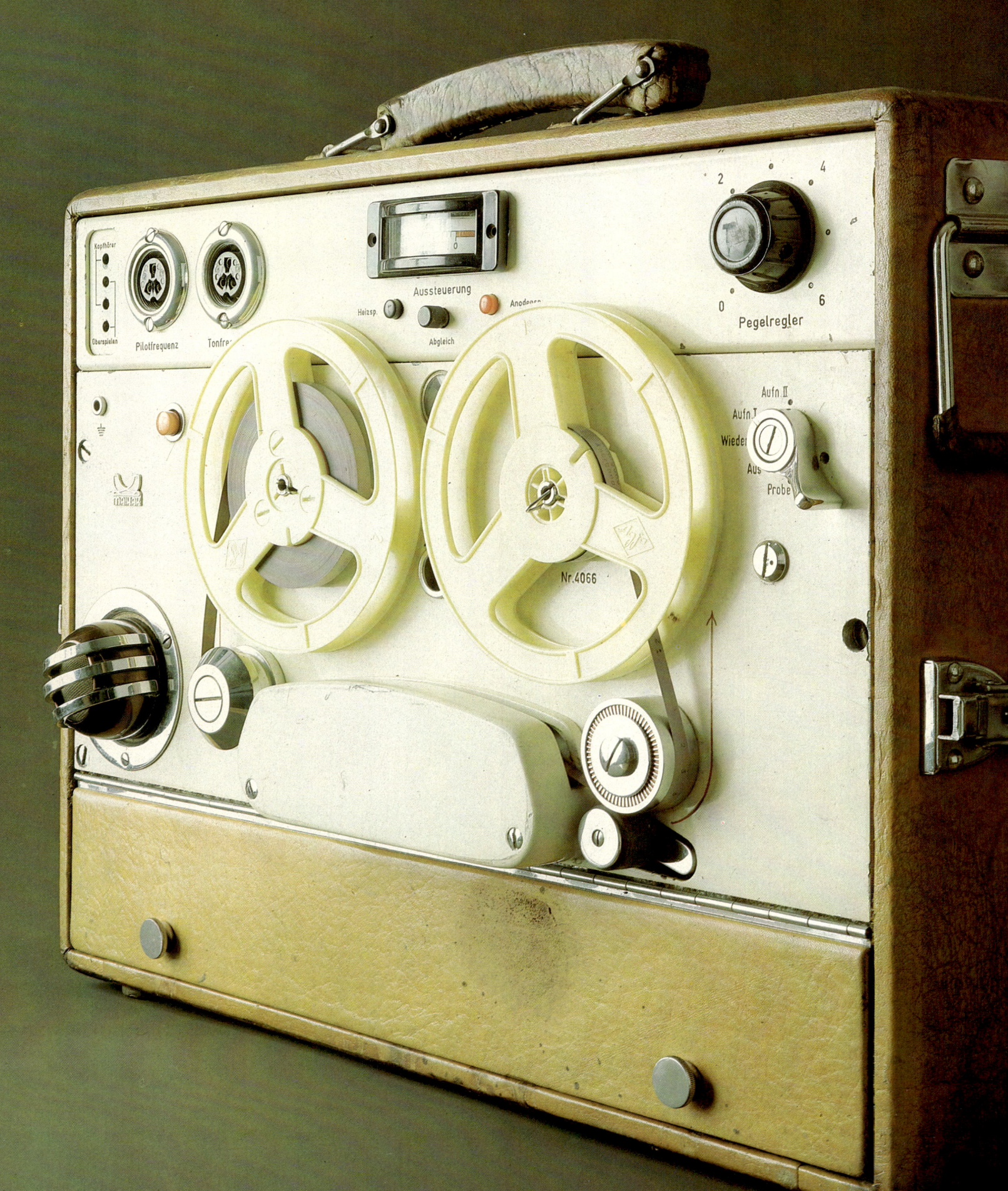

Anhang

Tafel 1
Entwicklung der Filmtechnik und ihrer Randgebiete in synoptischer Darstellung

	TECHNIK	FOTOGRAFIE FOTOCHEMIE	FILMAUFNAHME FILMBEARBEITUNG
Vor 1800 waren bekannt	Dampfmaschine J. WATT — 1782	Lichtempfindlichkeit der Silbersalze — SCHULZE — 1727	Camera obscura PORTA — 1553
1800			
1810			
	Elektrischer Lichtbogen — DAVY — 1813		
		Bericht über 1. Papierbilder— NÈPCE — 1816	
1820			
	Kalklicht — GURNEY — 1822		Camera obscura als Fotoapparat — NÈPCE — 1822
	1. Eisenbahn — STEPHENSON — 1825		
	Polarisationsprisma — NICOL — 1828	Heliotypie — NÈPCE — 1826	
	Stroboskopeffekt PLATEAU — 1829		
1830		Jodierte Silberplatte — DAGUERRE — 1831	
	Morseapparat — MORSE — 1837	Quecksilberentwicklung — DAGUERRE — 1837	
	Natriumsulfit-Fixierung — HERSCHEL — 1839	Fotografie — NÈPCE + DAGUERRE — 1839	
1840	Portraitobjekte 1:3,6 — PETZVAL — 1840	Negativ-Positiv-Verf. — TALBOT — 1840	
	Carl-Zeiss-Niederlassung, Jena — 1846		
1850		Nasses Kolodiumverf. — ARCHER — 1851	
		Teleobjektiv-PORRO — 1852	
	3-Farben-Theorie — MAXWELL — 1855	Rollkassette — RELANDIN — 1855	
1860	Quecksilber-Dampf-Lampe — WAY — 1860		Drehkassette — ROBERTSON — 1860
			Reihenbildkamera — DU MONT — 1861
	1. Transatlantik-Kabel — 1865		Reihenbildkamera — HAURON — 1864
			Einäugige Reihenbildkamera — COOK — 1867
		Farbfotografie (additiv) — HAURON — 1868	
1870		Trockenplatte — MADDOX — 1871	Reihenbildaufnahme — MUYBRIDGE — 1872

VORGESCHICHTE

FILMWIEDERGABE	TONTECHNIK	ZEITGESCHEHEN
Laterna magica KIRCHER — 1671	Sprechrohranlagen da VINCI — 1500	Französische Revolution 1789
		Rheinbund 1806
		Völkerschlacht bei Leipzig — 1813
		Wiener Kongreß — 1814
Thaumatrop — FITTON, PARIS — 1825		
Lebensrad — STAMPFER — 1832		Goethe gestorben — 1832
Wundertrommel — HORNER — 1834		
Projektionslebensrad — UCHATIUS — 1845		
		Bürgerl. Revolution Deutschl. — 1848
Farbstereoprojektor — FABRE — 1853		1. Weltausstellung — Paris 1855
	Phonoautograph — SCOTT — 1857	
		Bürgerkrieg USA 1861
		1. Internationale — 1864
Choreutoskop — BEALE — 1866		»Das Kapital« — MARX — 1867
Taschenkinematograph — LINETT — 1868		
Optischer Ausgleich — MAXWELL — 1869		Deutsch-franz. Krieg — 1870—1871

Fortsetzung Tafel 1

Epoche	Jahr	TECHNIK	FOTOGRAFIE / FOTOCHEMIE	FILMAUFNAHME / FILMBEARBEITUNG
REIHENBILDER		Lichtempfindlichkeit v. Selen — SMITH — 1873	Sensibilisierung — VOGEL — 1873	Fotografischer Revolver — JANSSEN — 1874
		Telephon — BELL — 1876		
		Glühlampe — EDISON — 1879		
	1880	1. Elektron. Bildübertragung — CAREY — 1880		Reihenbildkamera — MAREY — 1882
			Schlitzverschluß — FERNER — 1882	Chronophotograph — MAREY — 1882
		1. Fernsehübertragung — NIPCOW 1884		
		Fa. Schott + Gen. — 1886	Zelluloidfilm — GOODWIN — 1887	
			Rollfilmkamera — KODAK 1 — 1888	Phasenbildkamera — LE PRINCE — 1889
	1890			Kinetograph — EDISON — 1891
				Filmperforation 35-mm-Film — EDISON — 1893
EXPERIMENTALFILM		Entdeckung Röntgenstrahlen — RÖNTGEN — 1895		Cinematographie — LUMIÈRE — 1895
			»Tripack«-Farbfotografie — HAURON — 1897	
		Anamorphotische Optik — RUDOLPH — 1898	Epidiaskop — E. RICHTER — 1898	
	1900		Infrarotsensibilisierung — LEHMANN — 1900	
			3-Farben-Fotografie — MIETHE — 1902	
		Sender Nauen — 1906	Autochromplatte — LUMIÈRE — 1904	1. Filmatelier »Black Mary« — EDISON — 1905
				Cinemacolor — SMITH — 1906
	1910		Compur-Verschluß — 1912	1. Kopierwerk in Deutschland — GEYER — 1911
STUMMFILM		Verstärkerröhre — v. LIEBEN — 1911	Subtraktiv-Farbfilm — FISCHER — 1912	Dreifarbenfilm — GAUMONT — 1913
			Kinefilmkamera »Leica« — BARNACK — 1914	Zweifarbenfilm — EASTMAN — 1915
	1920			Gründung der FKTG — MIETHE — 1920
		1. Fernsehbilder CAROLUS u. MIHALY — 1928		
		Bildaufnahmeröhre »Ikonoskop« — 1928	Vacublitz — OSTERMEYER — 1929	
	1930	Fernsehübertragung (elektr.) — ARDENNE — 1931		Lichttonfilm — 1930
TONFILM			Belichtungsmesser — LANGE — 1932	
			Color-Umkehrfilm — KODAK — 1935	
			Color-Negativ-Film — AGFA — 1936	Pendelfenster u. 180° Hellsektor — DEBRIE — 1936
				Farbfilmproduktion — WOLFEN — 1939
	1940		Elektronenblitz — USA — 1940	Zeitlupenkamera — Askania — 1940
FARBFILM			Schwarz-weiß-Sofortbild — LAND, ROGERS — 1947	
			Eingebauter Prismensucher — »CONTAX-S« — 1949	
	1950			

FILMWIEDERGABE	TONTECHNIK	ZEITGESCHEHEN
Praxinoskop — REYNAUD — 1877	Phonograph — EDISON — 1877	
Zoopraxiskoop — MUYBRIDGE — 1879	Photophon — BELLITAINTER — 1878	Sozialistengesetz — 1878
	Zweikanal-Tonübertragung — ADER — 1881	
Projektions-Praxinoskop — REYNAUD — 1882		
		E. Thälmann geboren — 1886
Schnellseher — ANSCHÜTZ — 1887	Schallplatte — BERLINER — 1888	4. Weltausstellung — Paris 1889
Kinetoskop — EDISON — 1891		
Projektions-Schnellseher — ANSCHÜTZ — 1894		
Cinetoskope — LUMIÈRE — 1895		
Bioskop — SKLADANOWSKI — 1895		
	Klingender Lichtbogen — SIMON — 1898	
	Magnettongerät — POULSEN — 1898	5. Weltausstellung — Paris 1900
	Biophon — MESSTER — 1903	
		Russische Revolution — 1905
	Lichttonaufzeichnung — BERGLUND — 1906	
Farbfilm-Vorführung — SMITH, URBAN — 1908		
Filmprojektor »Ernemann I« — 1909		
		Gründung Hollywood — 1913
		I. Weltkrieg — 1914
	»Projektophon« — MIHALY — 1916	Oktoberrevolution — 1917
		Gründung der UFA — 1917
Projektor mit opt. Ausgleich — MECHAU — 1921		
Technicolor-Zweifarben-Filmvorführung — 1922	Lichttonverfahren — TRIERGON — 1922	Beginn der Weltwirtschaftskrise — 1923
		»Panzerkreuzer Potemkin« — EISENSTEIN — 1925
	Magnetband — PFLEUMER — 1928	
	Kondensatormikrofon — NEUMANN — 1929	
	Lichttonprojektor — KLANGFILM — 1930	
Technicolor-Dreifarbenvorführung — 1932	1. Labor-Stereoplatte — BLUMLEIN — 1931	Faschistische Machtübernahme — 1933
	Magnetbandgerät — 1935	
		II. Weltkrieg — 1939
Erste Farbfilmvorführung (Wolfen) — 1941	HF-Vormagnetisierung — BRAUNMÜHL — 1941	
		DEFA-Gründung — 1946
		Gründung der DDR — 1949

Fortsetzung Tafel 1

	TECHNIK	FOTOGRAFIE FOTOCHEMIE	FILMAUFNAHME FILMBEARBEITUNG
	1. Sputnik — 1957	Intermediate-Farbfilm — KODAK — 1956	
1960			
	Hologramm — LEITH, UPATNIEKS — 1964	Neues Warenzeichen ORWO — 1964	
	Farbfernsehen Funkausst. Berlin — 1967		
	1. Mondlandung — USA — 1969		
1970			
		Farb-Sofortbild-Kamera — LAND — 1972	
			Holografische Filmaufnahmen — KOMAR — 1975
		Instant-print-film — KODAK — 1976	
Entwicklungstendenzen	Digitale magnetische Bildaufzeichnung und -wiedergabe .		Holografische räumliche Filmaufnahme

FILMWIEDERGABE	TONTECHNIK	ZEITGESCHEHEN
Drei-Projektoren-Verf. »INERAMA« — 1952	Vierkanal-Tonfilm — 1954	Gründung VEB DEFA — 1952
Anamorphotisches Verf. »CINEMASCOPE« — 1954	1. Stereoschallplatte USA — 1956	
Breitbildverfahren — 70-mm-Film — 1956		
		Schutz der Staatsgrenze der DDR — 1961
Xenonlampe als Projektionslicht ca. 1964		
		Gründung der Rep. Südvietnam — 1969
1. Holografische Projektion— KOMAR — 1976		
Holografische räumliche Filmwiedergabe	Digitale Tonaufzeichnung und -bearbeitung	

Tafel 2
Stammbaum der Entwicklung der Filmtechnik

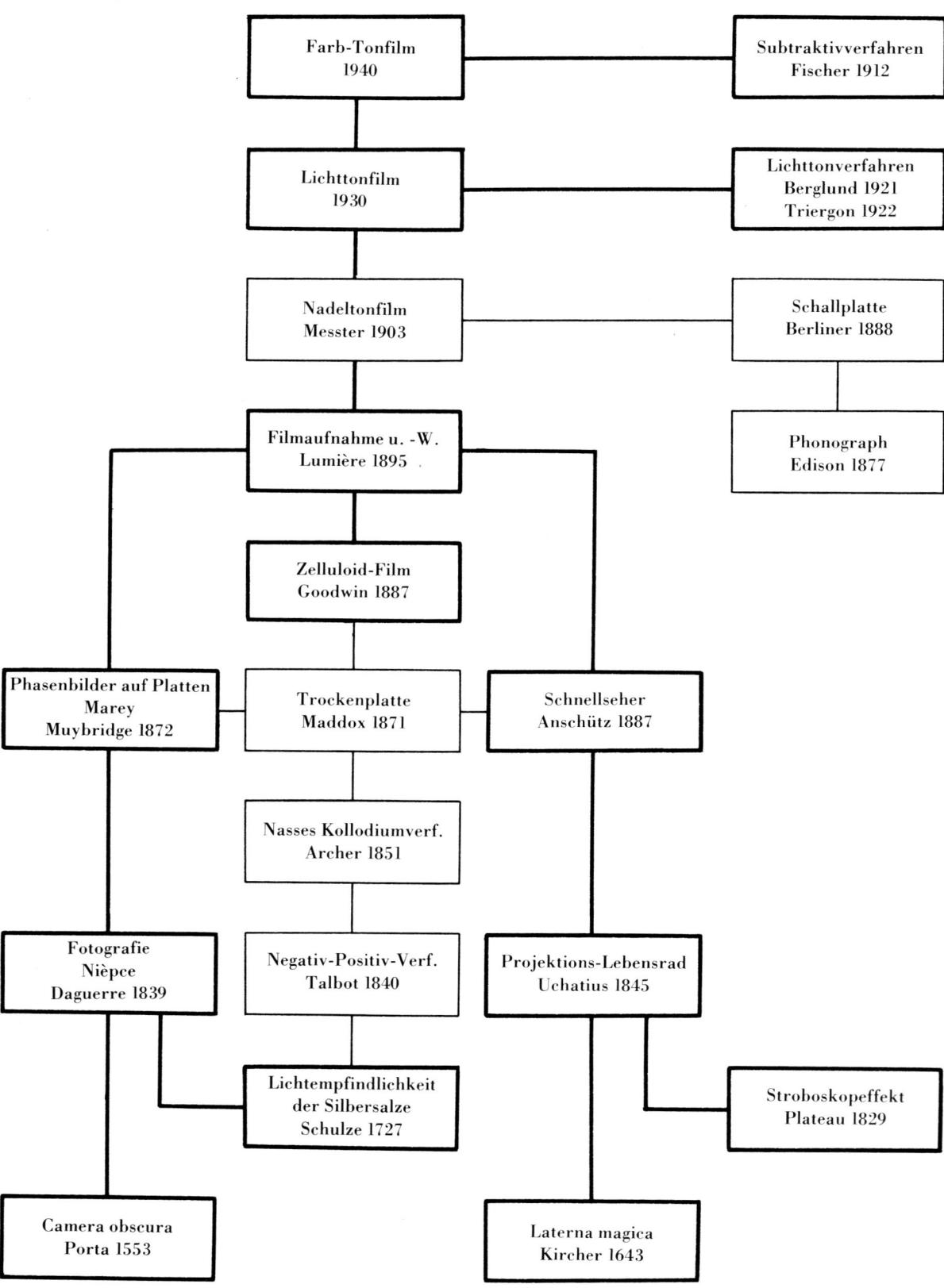

Zusammenstellung spezieller fotografischer und filmtechnischer Begriffe

Die Ziffern verweisen auf die Seitenzahlen

Begriff	Urheber und Jahr der 1. Erwähnung	Erläuterung	Seite
AGFA-Color	AGFA 1932	16-mm-Linsenraster-Farbfilm	—
Ambiotypie	Archer 1851	Nasses Kollodiumverfahren der Fotografie	38, 39
Anaglyphenverfahren	Ducos du Hauron 1894	Stereo-Bildwiedergabe mit zweifarbiger Brille	62
Animatograph	Paul 1896	35-mm-Projektor	—
Animatoskop	Eanes 1895	Filmkamera mit zwei gegenläufigen Objektiven	—
Anortoskop	Plateau 1829	Lebensrad	27, 28
Aromarama	USA 1959	Filmvorführung mit Riechstoffen	106
Autochrom	Lumière 1902	Raster-Farbfotografie	108
Auxetophon	Parson 1906	Plattenspieler mit pneumatischer Verstärkung	117
Biocam	Wrench	17,5-mm-Filmkamera	86, 88
Biophon	Gaumont 1902	Mit Schallplatte gekoppelte Filmvorführung	118
Bioscope	Demeny 1892	Filmkamera und Projektor	—
Bioskop	Skladanowski 1895	Doppelband-Projektor	42, 77, 78
Birtac	Acres 1898	17,5-mm-Filmkamera	87
Camera obscura	Porta 1553	Lochkamera	10, 36
Chrono	Gaumont	35-mm-Filmkamera	87
Chronophotograph	Marey 1889	Phasenbildkamera	4, 52, 59
Chronotograph	Demeny 1894	Filmprojektor	59
CinemaScope	USA 1953	Anamorphotisches Filmverfahren	100
Cinématographie	Bouly 1892	Filmkamera (auch von Lumière verwendet)	42, 64
Cinematoskop	Acres 1896	35-mm-Filmprojektor	—
Cinerama	USA 1952	Filmverfahren mit drei Projektoren und Filmkameras	100
Circorama	UdSSR 1963	Rundkino	100
Daedaleum	Horner 1833	Wundertrommel	31
Daguerreotypie	Daguerre 1839	Positivfotografie. Erstes fotografisches Verfahren	4, 106
Diorama	Daguerre 1831	Durchleuchtetes Panorama (s.d.)	36
Elektro-Tachyskop	Anschütz 1887	»Schnellseher« für Phasenbilder auf Glas	54, 55
Gaumontcolor	Gaumont 1913	Additives Farbfilmverfahren	108
Grammophone	Berliner 1888	Schallplatten-Wiedergabegerät	117
Heliochromie	Smith 1848	Additives Zwei-Farben-Filmverfahren	157
Heliochromoskop	Ives 1892	Betrachtungsgerät für additive Farbbilder	106
Heliographie	Nièpce 1822	Fotografie auf Asphaltlack	36
Hydrotypie	UdSSR 1936	Drei-Farben-Filmverfahren	108
Kalotypie	Talbot 1839	Negativ-Positiv-Verfahren auf fotografischem Papier	37, 38
Kathodophon	Triergon 1920	Mikrofon	115, 121
Kinemacolor	Smith 1912	Additives Zwei-Farben-Filmverfahren	108
Kineograph	Linett 1866	Abblätterbuch oder Taschenkino	—
Kineopticon	Acres 1895	35-mm-Filmkamera und Projektor	—

Kinesigraph	Donishorpe 1876	Plattenkamera mit 8 Bildwechsel/s	—
Kinetograph	Edison 1889	35-mm-Filmkamera	61
Kinetoskop	Edison 1893	Filmvorführgerät für jeweils einen Betrachter	61, 77, 78, 112
Kino	Ernemann 1903	17,5-mm-Filmkamera	67
Kinora	Lumière 1896	Verbessertes Mutoskop (s.d.)	—
Kodachrom	Eastman 1935	Subtraktiver Drei-Schichten-Farbfilm	109
Laterna magica	Kircher 1671	Stehbild-Projektor	4, 13, 14
Mirograph	Reulos 1900	21-mm-Filmkamera	88
Movette	Eastman 1920	17,5-mm-Filmkamera	88
Mutograph	Casler 1897	Filmkamera für Aufnahmen zum Mutoskop (s.d.)	—
Mutoskop	Casler 1894	Mechnisiertes Abblätterbuch	40
Odorovision	Todd j. 1960	S. Aromarama	106
Opticolor	Perutz 1936	Linsenraster-Farbfilm	—
ORWO-Color	ORWO 1964	Subtraktiver Drei-Schichten-Farbfilm	109
Panorama	Parigi 1627	Großgemälde mit gegenständlichem Vordergrund	36
Parléophon	Cros 1877	Ton-Aufzeichnungs- und Wiedergabegerät	111
Phantascope	Robertson 1798	Geisterbildvorführung mit laterna magica	—
Phantaskop	Jenkins 1895	Verbessertes Kinetoskop (s.d.)	64
Phasmatrop	Heyl 1870	Wundertrommel	49
Phenakistiskop	Plateau, Stampfer 1833	Lebensrad	27
Phonautograph	Scott 1877	Schallaufzeichnung auf berußter Walze	4, **111**, 112
Phonograph	Edison 1877	Ton-Aufzeichnungs- und Wiedergabegerät	61, 111, 112, 118, 131
Phonoskop	Demeny 1892	Vorführgerät für Phasenbilder (Sprachaufnahmen)	59,60
Photochromoskop	Ducos du Hauron 1869	Additiver Farbdiapositivbetrachter	106
Photophon	Bell 1878	Optische Schallaufzeichnung zur Nachrichtenübermittlung	120
Photopolychromoskop	Zink 1893	Betrachtungsgerät für additive Farbbilder	—
Praxinoskop	Reynaud 1877	Optisches Theater	21, 32—34, 112
Seeberophon	Seeber um 1910	Mit Schallplatte gekoppelte Filmvorführung	117
Sensorama	USA 1960	S.Aromarama	106
Smell-O-Vision	USA 1960	S.Aromarama	106
Stroboskop	Stampfer 1833	Lebensrad	29—30
Tachyskop	Anschütz 1887	S.Elektro-Tachyskop	—
Technicolor	Kalmus 1915	Additives Drei-Farben-Film-Druckverfahren	108
Thaumatrop	Fitton, Paris 1825	Wunderscheibe	4, 27
Theatograph	Paul 1896	35-mm-Filmprojektor	—
Totalvision	DEFA 1954	Cinema-Scope-Verfahren (s.d.)	100
Vitascope	Armat 1896	35-mm-Filmprojektor	82
Zoetrop	Horner 1834	Wundertrommel	31
Zoopraxiscope	Muybridge 1879	Projektions-Lebensrad	50, 52

Literaturverzeichnis

Im folgenden sind nur die in diesem Buch verwendeten Quellen aufgeführt worden. Umfangreiche Literaturzusammenstellungen zur Geschichte des Films sind in /1/,/15/,/92/ enthalten.

1 *Baier, Wolfgang:* Quellendarstellungen zur Geschichte der Fotografie. 3. Aufl. Leipzig: VEB Fotokinoverlag 1966

2 *Böhrens, Kurt:* Der Schallfilm. Berlin: Victor-Otto-Stomps-Verlag 1939

3 *Bossert, Helmuth Th.* und *H. Guttmann:* Aus der Frühzeit der Photographie 1840—70. Frankfurt a. M.: Societäts-Verlag 1930

4 *Brichta, Jindrich:* Das Tschechoslowakische Kinematografische Museum. Bild und Ton, Berlin 5 (1952) 8, S. 227—229

5 *Brodmerkel, Karl:* Aus der Kindheit des Tonfilms Bild und Ton, Berlin 5 (1952) 9, S. 274—276

6 *Brodmerkel, Karl:* Zur Vorgeschichte der deutschen Tonfilmindustrie. Bild und Ton, Berlin 6 (1953) 8, S. 242—244

7 *Brodmerkel, Karl:* Die Geschichte Triergons. Bild und Ton, Berlin 6 (1953) 5, S. 149—152 (und Fortsetzungen)

8 *Brodmerkel, Karl:* Die Anfänge der deutschen Tonfilmindustrie. Bild und Ton, Berlin 7 (1954) 10, S. 304—305; 8 (1955) 1, S. 15—19 und 2, S. 53 bis 55

9 *Bruch, Walter:* Von der Tonwalze zur Bildplatte. Funkschau, Berlin (1977) 10, S. 57—58 (und Fortsetzungen)

10 *Ceram, C. W.:* Eine Archäologie des Kinos. Reinbek b. Hamburg: Rowohlt Verlag 1965

11 *Dost, Wilhelm:* Geschichte der Kinematographie. Halle: W.-Knapp-Verlag 1925

12 *Eder, Josef Maria:* Die chemischen Wirkungen des Lichtes und die Photographie. Halle: W.-Knapp-Verlag 1882

13 *Eder, Josef Maria* und *Eduard Kuchinka:* Die Daguerreotypie und die Anfänge der Negativphotographie auf Papier und Glas (Talbotypie und Niepcotypie). 3. Aufl. Halle: W.-Knapp-Verlag 1927

14 *Eder, Josef Maria und Eduard Kuchinka:* Jahrbuch für Photographie, Kinematographie und Reproduktionsverfahren für die Jahre 1921—1927. Bd. 30, Teil 1, Halle: W.-Knapp-Verlag 1928

15 *Eder, Josef Maria:* Geschichte der Photographie. 4. Aufl., Halle: W.-Knapp-Verlag 1932

16 *Emmerich, G. H.:* Lexikon für Photographie und Reproduktionstechnik. Wien, Leipzig: Hartleben's Verlag 1910

17 *Engl-Nitz, Ingeborg* und *Frieda Engl:* 30 Jahre Tonfilm. Bild und Ton, Berlin 4 (1951) 11, S. 331 bis 334

18 *Enz, Kurt:* Aus der Geschichte der Kinotechnik. Bild und Ton, Berlin 13 (1960) 10, S. 312—314 (und Fortsetzungen)

19 *Faasch, Werner:* Einführung in die wissenschaftliche Kinematographie. Halle: W.-Knapp-Verlag 1951

20 *Feldhaus, Franz Marie:* Ruhmesblätter der Technik von den Urerfindungen bis zur Gegenwart. Bd. 2, 2. Aufl. Leipzig: F.-Brandstetter-Verlag 1926

21 *Filzinger, W.:* Aus der Frühzeit der Tonfilmentwicklung. Bild und Ton, Berlin 2 (1949) 9, S. 282—284

22 *Förster, Walter* und *Klaus Müller:* Tonträger Schallplatte. Bild und Ton, Berlin 5 (1952) 5, S. 130—134

23 *Forch, Carl:* Der Kinematograph und das sich bewegende Bild. Wien, Leipzig: A.-Hartleben-Verlag 1913

24 *Fraenkel, Heinrich:* Unsterblicher Film. München: Kindler-Verlag 1956

25 *Gabler, Werner:* Das Lichtspieltheater. Halle: W.-Knapp-Verlag 1950

26 *Grusser, Kurt:* Die Technik der verschiedenen Filmverfahren. Potsdam: Deutsche Hochschule für Filmkunst 1965

27 *Haber-Schaim, J.:* Die neue UFA-Halle in Neubabelsberg. Der Bauingenieur (1927) 43, S. 778—805

28 *Hansen, Fritz:* Das Jahrhundert der Photographie. 2. Aufl., Berlin: Verlag Die Linse 1939

29 *Hanson, Wesley T.:* The Evolution of Motion Pictures in Color (Die Entwicklung des Farbfilms). SMPTE Journal, Scarsdale 89 (1980) 7, S. 528—530

30 *Hofmann, Christian:* 1889 bis 1979 — 90 Jahre anastigmatische Fotoobjekte von Carl Zeiss Jena. Bild und Ton, Leipzig 32 (1979) 8, S. 232—238

31 *Hopwood, Henry V.:* Living Pictures (Lebende Bilder). London: Optican & photographic trades review 1899

32 *Jungk, Klaus:* Zur Entwicklung der Tonaufzeichnung im Film. Bild und Ton, Berlin 2 (1949) 1, S. 6

33 *Kleffe, Hans:* Aus der Geschichte der Fototechnik. 1. Aufl., Leipzig: VEB Fotokinoverlag 1980

34 *Kleffel, Fritz:* Der Nadeltonfilm. Bild und Ton, Berlin 2 (1949) 1, S. 4—5

35 *Köcke, Hans:* Der photographierte Ton — eine alte Erfindung. Bild und Ton, Berlin 13 (1960) 11, S. 335—339, 352

36 *Köcke, Hans:* Der Cinematographe von Lumière. Bild und Ton, Berlin 16 (1963) 5, S. 157—160

37 *Köflinger, K.:* Der neue Castagna-Aufnahmeapparat. Kinotechnik, Berlin 5 (1923) 14, S. 369—373

38 *Liesegang, F. Paul:* Wissenschaftliche Kinematographie. Düsseldorf: Ed. Liesegang 1920

39 *Liesegang, F. Paul:* Die Erfindung des Lebensrades. Kinotechnik, Berlin 6 (1924) 19, S. 341—349 und 20, S. 367—373

40 *Löffler, W.:* Lichtton-Projektoren und Anbaugeräte. Bild und Ton, Berlin 2 (1949) 1, S. 7—10

41 *Lumière, Louis:* The Lumière cinematograph (Der Kinematograph von Lumière). Journal of the SMPTE, Scarsdale, 27 (1936), 12, S. 640—647

42 *Maetzig, Kurt:* Von der Erfindung der Fotografie bis zur Fabrikation des Rohfilms. Bild und Ton, Berlin 4 (1951) 6, S. 195—197

43 *Mager, Hans:* Über die Entwicklung der Lautsprecher. Bild und Ton, Berlin 13 (1960) 11, S. 350—351 (und Fortsetzungen)

44 *Mager, Hans:* Die Entwicklung der Filmschaltsysteme. Bild und Ton, Berlin 13 (1960) 2, S. 55—56 (und Fortsetzungen)

45 *Massolle, Joseph, Hans Vogt* und *Jo Engl:* Der sprechende Film. Berlin, Eigenverlag 1924

46 *Messter, Oskar:* Mein Weg mit dem Film. Berlin: Max-Hesses-Verlag 1936

47 *Mihaly:* Der sprechende Film. 1928

48 *Neitzel, Kurt:* Dr. h. c. Hans Vogt zum 80. Geburtstag. Fernseh- und Kinotechnik, Heidelberg 24 (1970) 10, S. 368

49 *Niessen, Carl:* Der Film — eine unabhängige deutsche Erfindung. 1. Aufl., Emsdetten: Heinrich und F. Lechte 1934

50 *Rabier, A.:* Wie Lumière anfing. Filmtechnik, Berlin (1926) 9, S. 170—172

51 *Rabier, A.:* Demeny. Filmtechnik, Berlin (1926) 17, S. 337—340

52 *Richter, Joachim F.* und *Heinz Gebhardt:* Das Salzphoto. Color Foto, Hamburg 8 (1978) 6, S. 106 bis 115

53 *Richter, Joachim* und *Heinz Gebhardt:* Die Daguerreotypie. Color Foto, Hamburg 8 (1978) 4, S. 92 bis 107

54 *Richter, Joachim* und *Heinz Gebhardt:* Die Talbotypie. Color Foto, Hamburg 8 (1978) 5, S. 104—107

55 *Richter, Joachim* und *Heinz Gebhardt:* Die Ambrotypie. Color Foto, Hamburg 8 (1978) 9, S. 102—111

56 *Schaum, Karl:* Die geschichtliche Entwicklung der Kinematographie. Kinotechnik, Berlin 1 (1919) 3, S. 6—9

57 *Schering, Helmuth:* Bildtechnik. Halle: VEB Fotokinoverlag 1959

58 *Schulze-Manitius, Hans:* Technische Filmchronik. Bild und Ton, Berlin 1 (1948) 1, S. 25—26 (und Fortsetzungen)

59 *Schulze-Manitius, Hans:* Hermann Wilhelm Vogel. Bild und Ton, Berlin 7 (1954) 3, S. 91—92

60 *Seeber, Guido:* Der kinematographische Aufnahme-Apparat. Kinotechnik, Berlin 2 (1920) 3, S. 81—85 (und Fortsetzungen)

61 *Seeber, Guido:* Sechs neue Aufnahme-Apparate. Kinotechnik, Berlin 3 (1921) 5, S. 167—174

62 *Seeber, Guido:* Plagiate? Über neue kinematographische Aufnahme-Apparate. Kinotechnik, Berlin 4 (1922) 1, S. 9—12

63 *Seeber, Guido:* Drei neuere kinematographische Aufnahme-Apparate. Kinotechnik, Berlin 4 (1922) 2, S. 47—51

64 *Seeber, Guido:* Rapid-Kino-Kameras mit ruckweisem Bildtransport. Kinotechnik, Berlin 4 (1922) 3, S. 90—94

65 *Seeber, Guido:* Der Kinematograph »Lumière«. Kinotechnik, Berlin 7 (1925) 3, S. 54—60 (und Fortsetzungen)

66 *Seeber, Guido:* Vorläufer des Schmalfilms. Filmtechnik, Berlin (1932) 19, S. 10—13 (und Fortsetzungen)

67 *Seeber, Guido:* Die Kinematographie eine deutsche Erfindung?. Der Photograph (1934) 98, S. 389 bis 391.

68 *Shiers, George:* Historical Notes on Television Before 1900 (Geschichtliche Bemerkungen zum Fernsehen vor 1900). SMPTE Journal, Scarsdale 86 (1977) 3 S. 129—137

69 *Skladanowsky, Erich:* Vor 60 Jahren schrieb eine Zeitung … Bild und Ton, Berlin 8 (1955) 11, S. 302—305

70 *Skoluda, Siegfried:* Friese-Green — Erfinder der Kinematografie? Bild und Ton, Berlin 24 (1971) 3, S. 93—94

71 *Tausk, Petr:* Die Geschichte der Fotografie im 20. Jahrhundert. Köln: DuMont-Verlag 1977

72 *Thun, Rudolph:* Entwicklung der Kinotechnik. Berlin: VDI-Verlag 1936

73 *Traub, Hans:* Als man anfing zu filmen. Berlin: Ufa-Buchverlag 1940

74 *Traub, Hans:* Das deutsche Filmschrifttum. Leipzig: Karl-W.-Hiersemann-Verlag 1940

75 *Tümmel, H.:* Aus der Geschichte der Kinotechnik: Das Malteserkreuz. Fernseh- und Kinotechnik, Heidelberg 33 (1979) 12, S. 453—454

76 *Tümmel, Herbert:* Namen und Bezeichnungen in der Projektionstechnik. Fernseh- und Kinotechnik, Heidelberg 29 (1975), 3, S. 77—80 (und Fortsetzungen)

77 *Vogel, Hermann:* Die chemischen Wirkungen des Lichtes und die Photographie in ihrer Anwendung in Kunst, Wissenschaft und Industrie. Leipzig: F. A. Brockhaus Verlag 1874

78 *Vogt, Hans:* Die Erfindung des Tonfilms. Erlau bei Passau: Eigenverlag 1954

79 *Vogt, Hans* und *Johannes Rolle:* Der Film als Träger von Schallwellen. Kinotechnik, Berlin 4 (1922) 23, S. 857—862

80 *Waegelein, W.:* Vom Riffellautsprecher und Blatthaller bis zur Tonfilm-Großlautsprecher-Kombination. Bild und Ton, Berlin 2 (1949) 1, S. 11—12

81 *Waldekranz, Rune* und *Verner Arpe:* Knaurs Buch vom Film. München, Zürich: Droemer-Verlag 1956

82 *Wallenberg, Hans:* Der Tonfilm. Berlin: Lichtbildbühne 1930

83 *Wallon, E.:* Louis Lumière und die Kinematographie. Kinotechnik, Berlin 4 (1922) 8, S. 291—1925

84 *Webers, Johannes:* Dr. h. c. Hans Vogt. Fernseh- und Kinotechnik, Heidelberg 34 (1980) 1, S. 12

85 *Weber, Johannes:* Die Entwicklung der Filmschaltwerke im Spiegel der Patente. Bild und Ton, Berlin 8 (1955) 3, S. 88 (und Fortsetzungen)

86 *Weise, H.:* Der Masolle-Greifer. Bild und Ton, Berlin 2 (1949) 7, S. 202—203

87 *Wilkening, Albert, Heinz Baumert* und *Klaus Lippert:* Kleine Enzyklopädie Film. 1. Aufl., Leipzig: Bibliographisches Institut 1966

88 *Wolf-Czapek, K. W.:* Die Kinematographie. Berlin: Union Deutsche Verlagsgesellschaft 1908

89 *Wolter, Konrad:* Über die Entwicklung der Eastman-Kodak-Gesellschaft. Kinotechnik, Berlin 2 (1920) 2, S. 42—43

90 *Wolter, Konrad:* George Demeny im Urteil Léon Gaumonts. Kinotechnik, Berlin 2 (1920) 12, S. 451—455

91 *Wolter, Konrad:* Automatische Filmentwicklung in Frankreich. Kinotechnik, Berlin 3 (1921) 4, S. 134—135

92 *Zglinicki, Friedrich v.:* Der Weg des Films. Berlin: Rembrandt-Verlag 1956

93 *Zschoche, P.:* Die technische Entwicklung des deutschen Tonfilms. Bild und Ton, Berlin 2 (1949) 1, S. 2—4

94 ... 75 Jahre Photo- und Kinotechnik. Festschrift anläßlich der Feier des 75jährigen Bestehens der Zeiss Ikon AG und ihrer Vorgängerfirmen 1862—1937

95 ... Photographisches Lexikon. Leipzig: Otto-Spamer-Verlag 1860

96 ... William Friese-Green. Kinotechnik, Berlin 3 (1921) 6, S. 207—208

97 ... Kinotechnisches Jahrbuch 1924.

98 ... Hilfsbuch für den Kameramann. Halle: W.-Knapp-Verlag 1926

99 ... Der Tonfilm. Berlin: Verlag Lichtbildbühne 1930

100 ... Entwicklungszahlen über die technischen Einrichtungen der Ufa. Filmtechnik, Berlin (1938) 5, S. 151—152

101 ... Dr. Jo Engl. Bild und Ton, Berlin 1 (1948) 1, S. 20

102 ... Joseph Engl. Bild und Ton, Berlin 5 (1952) 4, S. 124—125

103 ... Emil Mechau. Bild und Ton, Berlin 5 (1952) 4, S. 125

104 ... Joseph Nicéphore Nièpce. Bild und Ton, Berlin 8 (1955) 5, S. 150

105 ... William Friese-Green. Bild und Ton, Berlin 8 (1955) 10, S. 291

106 ... Lebendige Leinwand. 60 Jahre Film. Berlin: Henschelverlag 1958

107 ... Chronik des 16-mm-Films. Film und Tonmagazin, München 23 (1977) 2, S. 22—24

108 ... Das wandernde Bild. Ausstellungskatalog; Hrsg.: Stiftung Deutsche Kinemathek

109 ... Guido Seeber-Ausstellung in Berlin. Kameramann, München 28 (1979) 10, S. 404—405

110 ... Die Entwicklung der Filmtechnik in den vergangenen 60 Jahren. Fernseh- und Kinotechnik, Heidelberg 34 (1980) 9, S. 315—342

111 ... Histoire de la Photographie. (Die Geschichte der Fotografie). Paris: Creatis 1980

Bildnachweis

Alle Farbaufnahmen zeigen Exponate des Filmmuseums der DDR in Potsdam. Bild Seite 18 Leihgabe aus Privatbesitz. Genehmigungen zur Fotografie von Exponaten, zur Bildveröffentlichung oder zur Reproduktion erteilten dankenswerter Weise (Zahlen stehen für die Bildanzahl):
Technisches Nationalmuseum Prag (1),
Filmmuseum der DDR in Potsdam (9),
VEB DEFA-Studio für Spielfilme Potsdam-Babelsberg (13)
Nationale Forschungs- und Gedenkstätten Weimar (1)
Von Zglinicki (10)

Weitere Aufnahmen sind Reproduktionen aus folgenden Werken:
Eder, »Geschichte der Photographie«, 4. Auflage, Halle: W. Knapp 1932 (1)
Knaurs Buch vom Film, (1)
Emmerich, »Lexikon für Photographie und Reproduktionstechnik«, Wien, Leipzig: Hartleben's Verlag 1910 (1)
Traub, »Als man anfing zu filmen«, Berlin: UFA-Buchverlag 1940 (2)
Liesegang, »Der Ursprung des Projektionslebensrades« Kinotechnik, Berlin 2 (1920) 1, S. 6—8 (8)
Hopwood »Living Pictures« London 1899 (13)
Vogt »Die Erfindung des Tonfilms« Erlau bei Passau: Hans Vogt (3)
»Die UFA« Berlin: UFA-Verlag 1943 (2)
Für die Anfertigung der Reproduktionen dankt der Verfasser Herrn Karl-Heinz Bagemihl.

Namenverzeichnis

Die Ziffern verweisen auf die Seitenzahlen

Sachwortverzeichnis